Für
Luz Delania

Frank Manthey

Reich werden mit Energiekonzepten

Über die Evolution der Energiegewinnung

©Frank Manthey 2007

Herstellung und Verlag:
Books on Demand

ISBN 9783837013283

Bibliografische Information der Deutschen
Nationalbibliothek
Die Deutsche Nationalbibliothek verzeichnet diese
Publikation in der Deutsche Nationalbibliografie;
detaillierte bibliografische Daten sind im Internet
über http://dnb.d-nb.de abrufbar.

Inhalt

Einleitung

Warum schreibt ein Projektmanager wie ich ein Buch über Reichtum aus Energiekonzepten?

Ganz einfach! Mein erstes Buch „Reichwerden durch Staatsbankrott" war nicht nur eine Abrechnung mit dem kriminellen Verhalten von Regierungen und Staatsbanken, sondern vor allem eine Anleitung zur finanziellen Selbsthilfe. Wie macht man aus einem sehr kleinen Startkapital vor der kommenden Weltwirtschafts- und Währungskrise ein recht großes Vermögen danach?

Nachdem ich für meine Familie rechtzeitig vorgesorgt hatte, gab ich diese angenehm beruhigende Erfahrung in Form jenes Buches an die Leser weiter. (Falls Sie sich dafür interessieren, kaufen Sie es sich doch einfach!)

Geschrieben habe ich dieses Buch jedoch für Leute, die nicht erst auf einen wirtschaftlichen Zusammenbruch warten wollen, um dadurch über sicheren materiellen Reichtum zu verfügen. Zwar sagen seit etwa zehn Jahren viele fähige Wirtschaftswissenschaftler den globalen Finanzkollaps voraus, doch bisher kam es nicht dazu, selbst wenn die Wahrscheinlichkeit dafür täglich steigt. Kracht es nun morgen, in einem Monat, einem Jahr oder erst in zehn?

Da dies niemand genau vorhersagen kann, stellt sich die Frage, wie man noch „schnelles" Geld machen kann, solange das Weltfinanzsystem noch läuft und „gutes" Geld danach? Da dieses System weder auf Menschlichkeit noch auf Gerechtigkeit basiert, sind alle wirkungsvollen Ratschläge mehr oder weniger makaber. Eine der später besprochenen einfachen Investitionsmöglichkeit entspringt am Rande des größten Unglücks, welches jemals über die Menschheit gebracht wurde. Inwieweit Sie davon Gebrauch machen, bleibt Ihnen überlassen, denn es geht auch anders und positiv:

Gerade für die Zeit nach dem großen Crash tauchen höchst interessante und dauerhafte Energiekonzepte am Horizont der Möglichkeiten auf. Diese werden eine ganze Reihe von Menschen sehr reich machen! Das dabei auch vielleicht wissenschaftliche Glaubensgrundsätze unangetastet bleiben, darf bezweifelt werden.

Im Rahmen anderer Kulturen wird allerdings schon seit langer Zeit über den moralischen Teller-Rand geblickt, wie es z.B. die überlieferten Kampfkunst-Regeln des Samurai-Meisters Miyamoto Musashi nahe legen:

1. Sei nie arglistig in Deinen Gedanken!

2. Sei eifrig in der Übung des Weges!

3. Befasse Dich auch mit den anderen Künsten!

4. Mache Dich mit dem Weg aller Berufe bekannt!

5. Unterscheide Vorteil und Nachteil einer jeden Sache!

6. Bilde Dir ein gerechtes Urteil über alles!

7. Erkenne auch das, was Dir unsichtbar bleibt!

8. Habe acht auch auf die kleinen Dinge!

9. Unternimm nichts Nutzloses!

Energiekrise?

Ist es heutzutage nicht jedem klar? Verbrauchen wir Menschen bald mehr Energie, als auf unserem blauen Planeten zu finden ist? Egal ob es sich um Erdgas, Erdöl, Kohle oder Uran handelt, die Vorräte sind begrenzt und werden jeden Tag weniger.

Haben wir eines Tages brachliegende Industrien, eine mit Verkehrsleistungen, Strom und Heizenergie unterversorgte Erdbevölkerung und Hunger für viele? Wäre der Anfang vom schrecklichen Ende gekommen?

Selbst wenn wir unsere Energie verschlingenden Gewohnheiten extrem einschränken sollten, ist die Katastrophe auf die wir zusteuern nicht mehr aufzuhalten oder allenfalls abzumildern?

Die großen Energiekonzerne kalkulieren anhand der bestehenden Daten in ungefähr 50 Jahren ein Ende der wichtigsten Energieträger wie Erdöl oder Uran. Allenfalls die Kohle reicht wesentlich länger. Wobei die Einschätzungen in der letzten Zeit stark nach unten revidiert werden mussten. Galten jahrzehntelang die Kohlevorräte als noch für über 500 Jahre ausreichend, werden neueren Studien zufolge höchsten 155 Jahre eingeschätzt.
Doch selbst das ist fraglich, wenn der Kohleverbrauch aufgrund der zu erwartenden Produktionsrückgänge bei Öl und Uran drastisch steigen sollte, wie augenblicklich in China. Höchstwahrscheinlich wird das weltweite Fördermaximum für Kohle etwa im Jahre 2025 erreicht. Ab diesem Zeitpunkt kann durch die Verwendung von Kohle zur Energieerzeugung die entstehende Lücke bei Öl und Uran niemals geschlossen werden.

Zum Thema Erdöl werden zur Zeit eine ganze Reihe von viel beachteten Büchern veröffentlicht, die belegen, dass hierbei das Fördermaximum gerade überschritten wird.

Beispielhaft sind folgende Bücher zu nennen:

Von Jeremy Leggett „**Peak Oil**" mit dem Untertitel „Die globale Energiekrise, die Klimakatastrophe und das Ende des Ölzeitalters"

Von Richard Heinberg „**The Party's Over**" mit dem Untertitel „Das Ende der Ölvorräte und die Zukunft der industrialisierten Welt"

Von Colin J.Campbell. Frauke Liesenborghs, Jörg Schindler und Werner Zittel „**Ölwechsel**" mit dem Untertitel „Das Ende des Erdölzeitalters und die Weichenstellung für die Zukunft"

Von Matthew R. Simons „**Wenn der Wüste das Öl ausgeht**" mit dem Untertitel „Der kommende Ölschock in Saudi Arabien"

So interessant diese Literatur auch sein mag, dem Ziel schnell reich zu werden bringt sie Sie nur bedingt weiter. Denn der globale Erdölverbrauch hängt zum großen Teil vom Verbrauch in Heizungsanlagen und im Straßenverkehr ab. Letzterer steigt nur solange, wie auch die gesamte Weltwirtschaft wächst. Das dies nicht ewig so weitergehen kann, ist Ihnen bestimmt klar, selbst wenn Sie mein erstes Buch nicht gelesen haben. Schrumpft aber das Weltwirtschaftswachstum, vermindert sich automatisch der Erdölverbrauch. Sehr schlecht für erfolgreiche Ölpreis-Spekulation.

Noch entscheidender ist jedoch die begrenzte Zahlungskraft der Weltbevölkerung.

Wer könnte es sich schon leisten, plötzlich 15 Euro oder mehr pro Liter Treibstoff an der nächsten Tankstelle zu zahlen?

Einzelne könnte es vielleicht, die meisten aber sicher nicht!

Unzählige Autos blieben stehen und Millionen mit Öl beheizter Wohnungen blieben in der Winterzeit kalt. Solche Preissteigerungen wären am Markt nicht durchsetzbar.

Bei der zivilen Nutzung von Uran in Atomkraftwerken sieht der Fall nachweislich ganz anders aus:

Uranpreis pro Britisch Pound

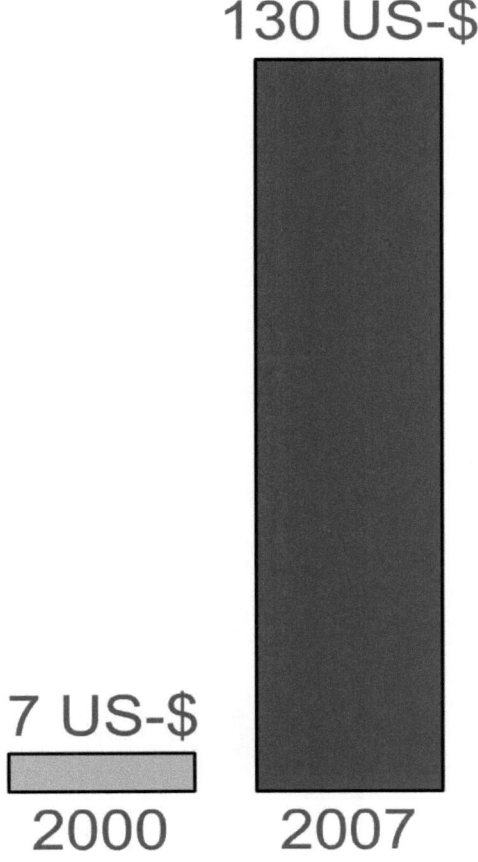

130 US-$

7 US-$

2000　　　　2007

Stellen Sie sich vor, Sie hätten 70.000 US-$ im Jahre 2000 in Uran-Zertifikate angelegt. Heute wären daraus rund 1,3 Millionen US-$ erwachsen. Nicht schlecht für den Anfang – oder?

Vorausgesetzt diese Entwicklung setzte sich fort, ergibt sich folgendes Bild:

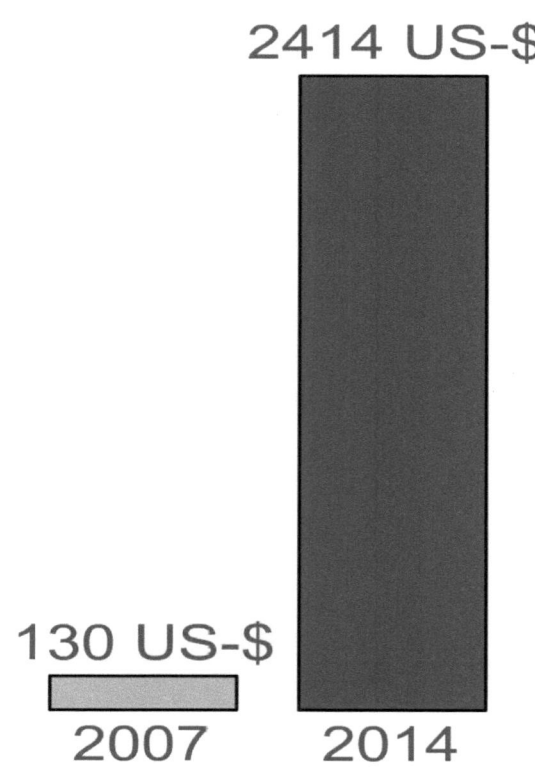

Auf das Beispiel mit der Investition von 70.000 US-$ im Jahr 2000 bezogen, explodiert das Vermögen bis 2014 auf über 24 Millionen!

Das nenne ich reich werden mit dem Spiel des Teufels!

Sogar von heute aus gerechnet, ergäben 13.000 US-$ in 2007 mit über 240.000 US-Dollar im Jahre 2014 ein stattliches Sümmchen!

Warum sollte diese Rechnung aufgehen?

In Gegensatz zum kleinen Mann auf der Straße besitzt die Atomindustrie jede Menge Geld. Außerdem machen die Brennstoff-kosten für Uran nur einen kleinen Teil der Produktionskosten aus:

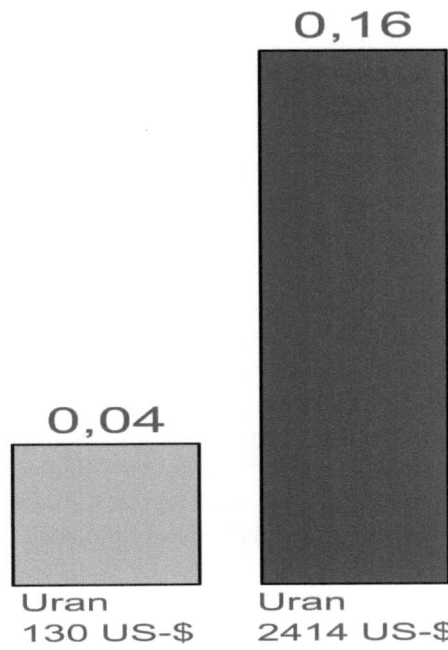

Stromerzeugungskosten in Euro pro kWh

0,16

0,04

Uran
130 US-$

Uran
2414 US-$

Es ist für die Berechnung des Uranpreises nicht unwesentlich, dass im Jahre 2006 die weltweite Uranproduktion um 6% zurückging. Der Fördergipfel ist bei diesem gefährlichen Rohstoff längst überschritten. Zudem lässt sich der Gesamtbedarf zur Zeit nur noch decken, weil über 30% davon aus militärischen Restbeständen beigesteuert werden. Diese sind jedoch demnächst erschöpft!

Russlands Lieferverträge mit den USA laufen 2013 aus und sollen angeblich nicht verlängert werden.

Wird sich dies dämpfend auf die Preisentwicklung auswirken?

Wohl kaum!

Viele Staaten planen einen weiteren Ausbau der Kernenergie. Ob nun, um sich von Erdöl unabhängiger zu machen, um der scheinbaren Klimakatastrophe entgegen zu treten oder einfach nur, weil an den entscheidenden politischen Stellen wieder einmal wirkungsvoll geschmiert wurde oder militärischer Missbrauch angestrebt wird, sei dahin gestellt. Der Preis für das begehrte Uran wird dadurch kaum fallen!

Allein die Frage, welche Preise am Strommarkt von 2014 durchsetzbar sind, entscheidet darüber wie weit Ihre finanziellen Bäume in den Anleger-Himmel wachsen könnten.

Verglichen mit dem zur Zeit teuersten Strom, dem aus Solarzellen, kann der Uran-Zertifikat-Anleger begierig in die Zukunft schauen. Denn 0,20 bis 0,50 Euro pro kWh sind eine Menge finanzielles Holz, mit etwas staatlicher Förderung aber offenbar kein Problem am Markt. Ein fadenscheiniges Argument zur Finanzierung zukünftig immer unwirtschaftlicheren Atomstroms findet sich politisch jederzeit. Denn schließlich lässt sich nur in Atomkraftwerken leicht die Ausgangsbasis für des Teufels liebstes Spielzeug herstellen:

Atombomben aus Plutonium!

Risiken und Nebenwirkungen?

„Gier frisst Hirn", heißt eine altbekannte Binsenweisheit an der Börse. Gierig betrachtet, könnte bei einem maximalen Preis von 0,25 Euro pro kWh Atomstrom der von Uran (pro Britisch Pound) auf über 4300 US-$ steigen, ohne dass ein einziges AKW wegen überteuerter Brennstoffpreise abgeschaltet werden müsste. Es ist jedoch völlig unrealistisch, davon auszugehen, dass es im einer solchen Situation nicht zu kurzfristigen, spekulativen Übertreibungen des Marktes käme. Bisher treiben hauptsächlich die Uran-Verbraucher selbst den Preis in die Höhe, doch was passiert wenn Hedge-Fonds in großem Stile einsteigen?

Könnte der Preis für Uran (wenn auch nur für Stunden oder Tage) nicht auf das Doppelte oder Dreifache des dauerhaft erzielbaren Marktpreises hinauf schießen?

Dies würde für einen Uran-Zertifikate-Anleger bedeuten, dass heute angelegte 10.000 Euro auf vielleicht rund 1000.000 Euro katapultiert wären. Dann schnell verkaufen und ... erst einmal Mund zumachen, Sabber abtupfen und Gehirn wieder einschalten. Denn es bestehen zwei grundsätzliche Risiken:

> Eine Weltwährungskrise macht aus Ihren „kostbaren" Zertifikaten wertloses Papier. Oder ...

> Eine andere, kostengünstigere Energieerzeugung macht die Atomkraft ganz schnell überflüssig.

In beiden Fällen wäre das Ergebnis für den Anleger äußerst unerfreulich. Zur ersteren Möglichkeit könnten Sie nun entgegenen, dass die Investition ja nicht unbedingt in Form von Zertifikaten erfolgen muss. Sie könnten ja Aktien von Uran-Mienen-Gesellschaften kaufen. Steigt der Marktpreis von Uran, könnten die betreffenden Aktien entsprechend höher an den Börsen bewertet werden und darüber hinaus wären Sie als Anteilseigner nicht direkt von einen Wechsel einer Währung zur nächsten betroffen. Auf der einen Seite folgen die Aktienkurse der Hersteller nicht immer unmittelbar den Kursentwicklungen der produzierten Rohstoffe (siehe Preisentwicklung von Öl und Ölkonzernen), auf der anderen Seite könnten nach einem Weltwirtschaftszusammenbruch auch die korrupten Verflechtungen zwischen Politik und Wirtschaft aufbrechen. Sollte dann eine politische Umorientierung zu Menschlichkeit und Gerechtigkeit hin erfolgen, könnte eine direkte Beteiligung an der Atomindustrie vielleicht sogar unter Strafe gestellt werden. Wenn es auch zur Zeit kaum eine Regierung der Erde interessiert, dass die Produktion von Jahrhunderttausende lang tödlich strahlenden Atommülls ein elementares Verbrechen an der Menschheit darstellt, könnte sich das in Zukunft durchaus ändern. Eine abgeschwächte Variante wäre, die Atomkraftwerksbetreiber zur Erstattung der Folgekosten zu verpflichten.

Was kostet die Aufbewahrung von z.B. einem kg Plutonium über einen Zeitraum von 500.000 Jahren?

5 Cent? 50 Cent? 5 Euro? 50 Euro? 500 Euro? 5000 Euro? ???????? Euro?

Zivil und militärisch wurden weltweit bis heute ungefähr 1000.000kg erzeugt! Dabei ist erwähnenswert, dass ein milliardstel Gramm davon im Körper eines Menschen sein sicheres Todesurteil bedeutet.

Erschwerend kommt hinzu, dass Plutonium nur ein Sammelbegriff für eine Reihe höchst unterschiedlich langsam zerfallender Radionuklide ist:

Von Pu-238 mit einer Halbwertszeit 87,74 Jahren, bis hin zu Pu-244 mit einer Halbwertszeit von immerhin 80 Millionen Jahren!

Auf den Punkt gebracht, bedeutet dies, dass der Atommüll weniger Jahrzehnte auch noch in 500.000 Jahren eine tödlich ernsthafte Gefahr sein wird!

Sollte die Atomindustrie auch nur für einen winzigen Bruchteil davon zur finanziellen Verantwortung gezogen werden, ist die sofortige Abschaltung aller AKW's oder der Zahlungsunfähigkeit der betroffenen Energiekonzerne zu erwarten.

Doch bevor Sie jetzt zu schwitzen anfangen oder gar nach einer möglichen Schlinge an Ihrem Hals tasten, sei gefragt, ob Politik schon je etwas mit echter Verantwortung zu tun hatte und der Dummheit der meisten Bürger entsprechend auch so bald nicht zu tun bekommen wird?

Der andere Risikopunkt, möglicher kostengünstigster alternativer Energie ist bedeutender, weil damit fürchterlich viel Geld zu verdienen wäre, auf Kosten von Atom, Kohle und Erdöl.

Wenn allgemein von erneuerbaren oder regenerativen Energiequellen gesprochen wird, denken die meisten zuerst an Biomasse, Erdwärme, Sonne und Wind. Dabei tragen sie zusammen nur mit etwa 2% zur Versorgung der Menschen mit Strom bei.

Ganz anders verhält es sich bei der Wasserkraft. Mit ihr wird fast 18% der globalen Stromproduktion bestritten. Auf einen wesentlich höheren Anteil kommt auch die Atomkraft nicht. Die Produktionskosten sind ungefähr gleich niedrig. Die zur Zeit günstigste elektrische Energie kommt also entweder aus einem Kernkraft- oder einem Wasserkraftwerk. Rund 3 bis 4 Eurocent sind pro kWh zu veranschlagen. Allerdings verschiebt im Vergleich der steigende Uranpreis schnell die Relation zu Ungunsten der Kernenergie. Daher ist es nur allzu verständlich, dass viele Fachleute in der Wasserkraft weltweit noch ein hohes Wachstumspotential sehen. Hingegen wird in den Medien immer wieder nur die Wind- und Solarenergie in den Vordergrund gestellt.

Ist die Politik auf dem wässrigen Auge blind?

Oder verdient die Industrie einfach nur zu wenig daran, Wasserkraft in Strom zu verwandeln?

Schauen wir uns dazu doch einmal die Grundkonstruktion eines Wasserkraftwerkes an:

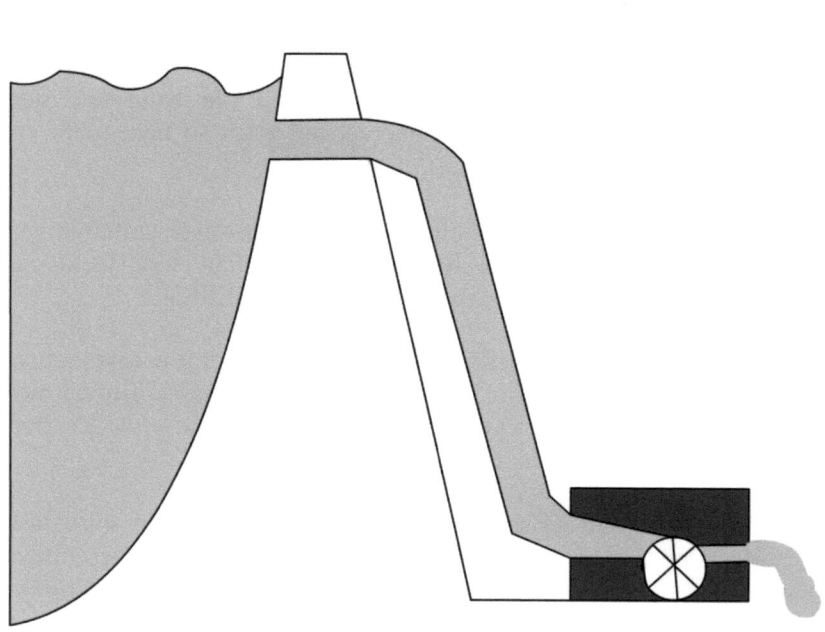

Die Leistung von Wasserkraftwerken wird in erster Linie durch die Höhe des aufgestauten Wassers und dessen Durchlaufmenge bestimmt. Die potentielle Energie der Wassermassen wird beim Herabfließen in Bewegungsenergie umgewandelt, die einen Turbinengenerator antreibt. Von letzterem abgesehen, kann man das ganze nicht gerade als Hochtechnologie bezeichnen. Bei der entscheidenden Staumauer handelt es sich letztlich nur um ein sehr großes und stabiles Bauwerk. Damit lässt sich weder eine Hochtechnologie-Branche erhalten, geschweige denn ausbauen. Da gibt es beim Bau von herkömmlichen oder nuklearen Kraftwerken schon mehr zu tun und zu verdienen. Das Herz eines Bauunternehmers schlägt jedoch sicherlich in ungeahnten Höhen, wie z.B. beim Blick auf gigantische Großprojekte wie den Assuan-Staudamm in Süd-Ägypten. Er wurde zwischen 1960 und 1971 nach heutiger Kalkulation für eine Summe von zirka 2200 Millionen Euro gebaut. Der Stausee bedeckt eine Fläche von über 5000 km², das ist mehr als zehnmal soviel wie zehn Städte in der Größe von Berlin! Auch wenn dabei über 2 Gigawatt Strom produziert werden, war der Aufwand doch etwas extrem. Allein 100.000 Menschen mussten umgesiedelt werden, 451 verloren beim Bau ihr Leben und die Ökologie der ganzen Region bis hin zum Mittelmeer geriet durcheinander.

Dieses Beispiel legt nahe, warum die Wasserkraft in dieser Form nicht unendlich ausgebaut werden kann und längst andere Wege ersonnen wurden.

Ein hinduistisches Sprichwort besagt, dass der Versuch das Leid in der Welt zu beseitigen dem Versuch gleicht, die Wellen des Meeres zu glätten.

Mit anderen Worten: Die Bewegungsenergie des Meerwassers ist eine sehr sichere Energiequelle!

Angetrieben durch Wind und Sturm bilden sich Wellen, die als Brandung auf die Küsten treffen. An felsigen Steilküsten entsteht eine durchschnittliche Leistung von 22.000 Watt pro Meter. Umgerechnet auf eine 1000 km lange Küstenlinie entspricht dies dem Potential von 22 mittleren Atomkraftwerken.

Der internationale Weltenergierat aus London berechnete den möglichen Anteil am Strombedarf küstennaher Regionen mit 15%, den Gezeiten- und Wellenkraftwerke übernehmen könnten. Der heidenheimer Anlagenbauer Voith sieht für die Energie aus dem Meer sogar ein globales Potential von 1800 Gigawatt. Das wäre mehr als 4,5 mal so viel, wie alle derzeitigen 437 Kernkraftwerke weltweit produzieren. So könnte nicht nur der Atomstrom in ferner Zukunft ersetzt werden. Doch hier kommt das Verrückte an der Geschichte:

Gerade weil die Wasserkraft unerschöpflich, kostengünstig und damit äußerst konkurrenzfähig ist, sind massive staatliche Planungen Fehlanzeige. Dem zum Trotz strebt der Energiekonzern EnBW zusammen mit Voith Siemens Hydro den Bau eines Wellenkraftwerkes vor der niedersächsischen Küste an.

Selbstverständlich interessieren sich auch andere Energiekonzerne für diese Art der Energiegewinnung. Die schottische Firma Wavegen produziert bereits Strom mit einem Wellenkraftwerk und wurde deshalb von Voith Siemens Hydro aufgekauft. Wavegen setzt auf das Prinzip der oszillierenden Wassersäule, bei dem die wellenbewegte Wasseroberfläche trichterförmig so abgedeckt ist, dass die eingeschlossene Luft abwechselnd komprimiert und dekomprimiert wird und einen Wells-Turbinen-Generator antreibt, der in beide Luftströmungsrichtungen arbeitet.

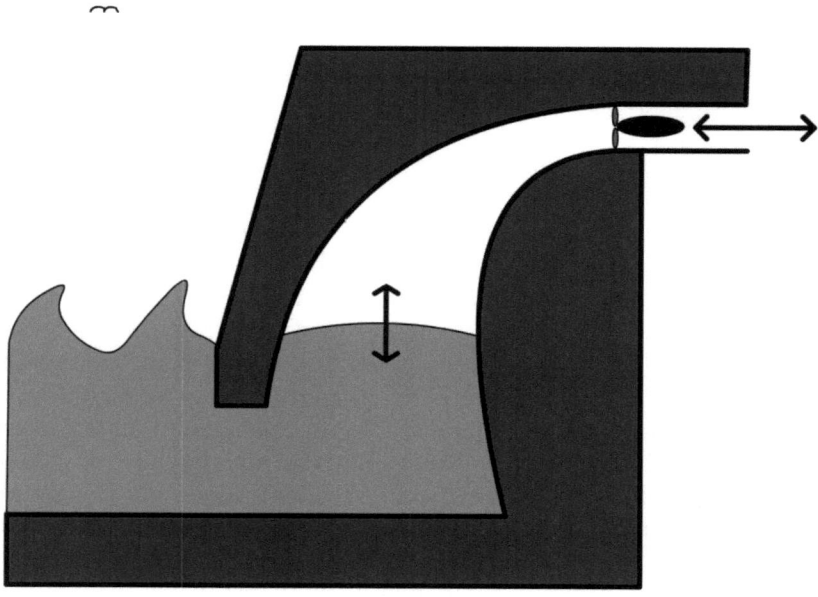

Im Englischen wird dieses Wirkungsprinzip als Oscillating Water Column (OWC) bezeichnet und stellt praktisch die Standardtechnik der Wellenkraft-Nutzung dar. Durch ihre massive Bauart bietet sich die OWC-Technik gerade zu für eine Kombination mit Schutzanlagen von Häfen und Küsten an. Wenn schon ein Hafenbecken oder Deichanlage erneuert werden muss, warum sollte dann nicht auch gleich ein OWC-Kraftwerk integriert werden?

Doch der Teufel steckt nicht immer nur im Detail. Das zeigt sich einerseits schon beim Bau. Soll das Kraftwerk später einmal die Funktion eines Wellenbrechers erfüllen, muss es eben dort gebaut werden, wo die Wellen mit aller Macht branden. Teilweise über Monate hinweg müssten Menschen unter Lebensgefahr sehr schwierige Arbeiten ausführen. Sind die Baumaßnahmen andererseits dann endlich abgeschlossen, genügt eine einzige „Monsterwelle", um die gesamte Anlage in einem Augenblick zu zerstören. Nutzt das Kraftwerk beispielsweise Wellen von einem Meter Höhe zur Stromproduktion, hat eine zehn Meter hohe nicht auch zehn mal mehr Energie. Nein, weil sich mit der Wellenhöhe gekoppelt die Energiemenge potenziert, ist die Kraft einer solchen Naturgewalt 100-mal größer!

Daher stellt sich die Frage, ob mit diesem starren und massiven Kraftwerkstypen Voith Siemens Hydro nicht auf das falsche Pferd setzt?

Bei dem aussichtsreichsten Kraftwerkstyp handelt es sich genau genommen um eine Art „Seeschlange". Drei schwimmende Stahlrohrsegmente mit je 40 Metern Länge und 3,5 Meter Durchmesser sind über Gelenke gekoppelt, die mit Hilfe von hydraulischen Pumpen Generatoren antreiben. Der existierende Prototyp leistet auf einer Gesamtlänge von 120 Metern 750kW. Auf den einzelnen Meter umgerechnet sind das 6250 Watt, also 28,4% der Durchschnittsenergie einer Brandungswelle pro Meter Steilküste.

Eine Zusammenschaltung von drei dieser Anlagen erzeugt vor der

Küste von Portugal 2,25 MW. Außerdem sind noch vier vor der schottischen Küste im Bau, eine Reihe weiterer ist bereits geplant.

Der Vorteil der Seeschlangen-Konstruktion ist, dass sie zur Erstellung weder Fundamente, noch Kräne erfordert, sondern nur von Ankern mit Ketten gehalten wird. Selbst das Auftreten von Monsterwellen stellt für diese Konstruktion kein Problem dar, denn die Auftriebskörper tauchen einfach unter zu großen Wellen hindurch.

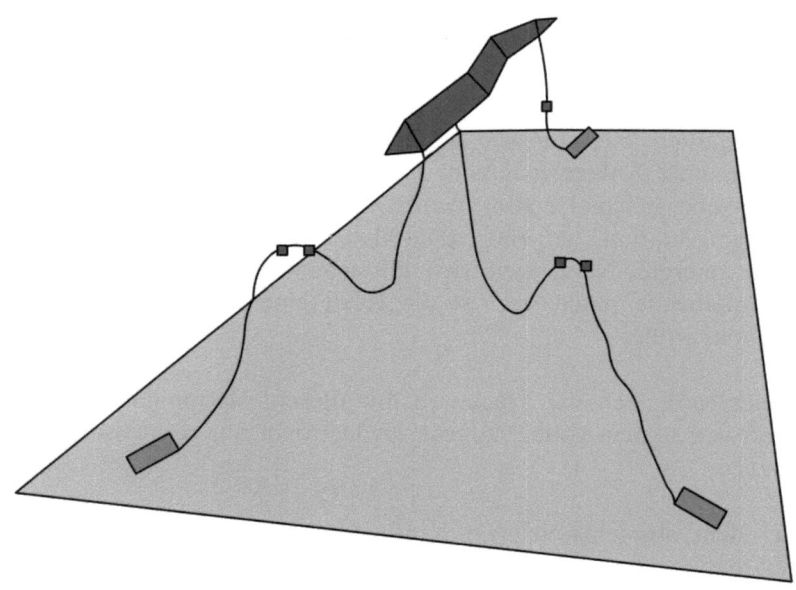

Die zwei gezeigten Wellenkraftwerkstypen sind weniger als die Spitze des technologischen Eisberges. Rund 100 verschiedene Ansätze, die Wellenenergie des Meeres zu nutzen existieren bereits. Doch darauf im Einzelnen einzugehen, würde den Rahmen und die Zielsetzung dieses Buches sprengen. Deshalb bleibt die Frage, inwieweit der Ausbau von Wellenkraftwerken die Nutzung der Kernenergie und damit den zukünftigen Uranverbrauch beeinflusst?

Auch wenn man theoretisch den gesamten heutigen Strombedarf der Menschheit aus der Nutzung der Meeresenergie decken könnte, bin ich jedoch der Meinung, dass dies in den nächsten fünf bis zehn Jahren die Atomkraft nicht tangiert!
Warum?

Im Augenblick liegen die zu erwartenden Kosten mit etwa 10 Eurocent pro kWh Wellenkraft-Strom deutlich über dem der Atomenergie. Dass das in Zukunft durch den steigenden Uranpreis nicht so bleiben wird, wissen Sie ja schon, aber die Umsetzung einer neuen Technologie erfordert eine Menge Zeit und noch mehr Geld. Obwohl Herstellerfirmen von sinkenden Stromkosten bis auf 3 Eurocent pro kWh sprechen, müssen die jetzigen Pilotanlagen erst noch beweisen, dass sie wenigsten 15 Jahre lang halten, denn das ist eine Grundbedingung für die profitable und kommerzielle Nutzung.

Sicherlich könnte die 3-Cent-Grenze erreicht werden, durch Massenproduktion wie auch durch die Kombination mit anderen alternativen Energieformen. Wenn z.B. ein Offshore-Windpark gebaut wird, warum sollten dann die zu verlegenden Stromleitungen mit nicht gleichzeitig für Wellenkraftwerke und (die noch nicht besprochenen) Gezeitenkraftwerke genutzt werden? Diese Stromkabel machen schließlich einen erheblichen Anteil der Gesamtkosten aus.

Doch bis jetzt fehlt nachweislich der politische (und finanzielle) Entschluss, die Kraft der Wellen und Gezeiten umfassend zu nutzen.

In Deutschland lässt sich die momentane öffentliche Förderung ziemlich genau und präzise beziffern: Null Euro!
Allerdings läuft in Dänemark ein großes Programm, mit dem die Regierung an die Erfolge der Windkraftnutzung anknüpfen möchte.

Da in Deutschland jedoch so hartnäckig dänische Errungenschaften bei der sinnvollen Finanzierung von Sozialversicherungen übersehen werden, würden dann Ergebnisse bei der Nutzung der Wellenenergie beachtet?

In Deutschland ist es Tradition, Tatsachen erst zu leugnen, dann anzuprangern, um schließlich zu überreagieren. Das war schon bei den Nazis so, in der DDR nicht anders und ist bei den medienorientierten Politikern heutiger Tage immer noch beliebt.

Doch andere Länder haben nicht nur andere (Un)sitten, sondern auch ernst zu nehmende (selbst geschaffene) Probleme.

Das Paradebeispiel ist dabei Frankreich. Der Großteil der Stromproduktion erfolgt in diesem Land durch Kernkraftwerke.

Ändert sich das durch einen stetig steigenden Uranpreis?

Wie denn?

Im großtechnologischen Bereich sind Veränderungen von heute auf morgen genauso wie von heute auf übernächstes Jahr unmöglich. Der Bau alleine dauert fünf bis zehn Jahre. Doch wie lange dauert der Entscheidungsprozess zuvor?

Wie lange dauert es, sich falsche Richtungsentscheidungen einzugestehen und die Konsequenzen daraus zu ziehen?

Ist dies innerhalb einer einzigen Wahlperiode überhaupt möglich?

Wann reagiert das Wahlvolk?

Rechtzeitig oder (realistischer Weise) erst nachdem die Folgen zuvoriger Fehlentscheidungen für die Allgemeinheit schmerzlich werden?

Selbst wenn sich die gewaltige Kraft des Meeres gegen die Eingeschränktheit von europäischen Köpfen aus Beton und Holz öffentlich durchsetzte, könnte es durchaus sein, dass eine spezielle Art von Meeresschnecken oder gar ein vom Aussterben bedrohter Schlick-Wurm-Fresser-Fisch gerade durch die Verwendung von Gezeitenkräften zur Energiegewinnung in ihrem Überleben gefährdet

24

wäre. Nicht auszudenken, was Tierschützer und Bürgerinitiativen dagegen einzuwenden hätten! In Deutschland wären damit die Voraussetzungen für jahrelange gerichtliche Auseinandersetzungen geschaffen. Denken Sie nur an die lang andauernden Schwierigkeiten der Firma Airbus, als in Norddeutschland eine Start- und Landebahn verlängert werden musste, um die neuen Großraum-Jets fertigen zu können. Einem einzelnen kleinen Grundstücksbesitzer wäre es fast gelungen, einen ganzen Produktionsstandort zu gefährden. Erst eine dem Rechtsstreit übergeordnete Ausnahmegenehmigung konnte für Klärung sorgen.

Wenn auch die Nutzung der Wellenkraft durch „Seeschlangen" oder „OWC's" sehr geringe ökologische Schäden nach sich ziehen wird, könnte die Nutzung der Gezeitenkraft gravierende Folgen haben.

Von der Grundkonstruktion her ähneln Gezeitenkraftwerke den normalen Wasserkraftwerken, wie z.B. dem Assuan-Staudamm.

Eine wesentlich niedrigere, aber dafür längere Staumauer trennt das Meerwasser zur offenen See und zum Land hin von einander. Den Anziehungskräften des Mondes folgend hebt und senkt sich der Meeresspiegel in Ebbe und Flut.

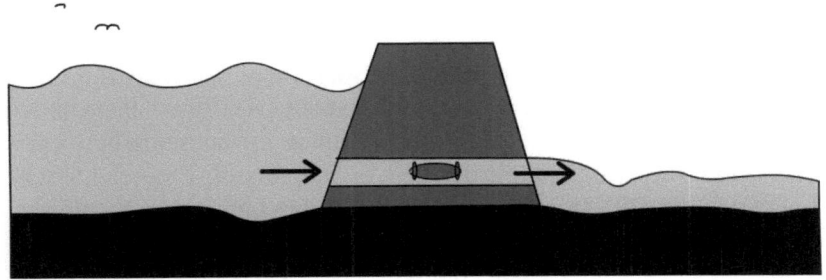

So entsteht eine wechselseitige Strömungsrichtung, bei der die geringe Höhe des aufgestauten Wassers mit einer riesigen Durchlaufmenge ausgeglichen wird. In den Durchlaufkanälen wird ein Teil der Bewegungsenergie der fließenden Wassermassen letztlich in Strom verwandelt. So weit, so gut. Wo liegt nun das ökologische Problem dabei?

Beim Assuan-Staudamm langern sich die nährstoffreichen Sedimente des Nil-Schlamms im Stausee ab. Einerseits fehlen diese nun (gemeinsam mit den ursprünglichen periodischen Überschwemmungen) auf den Äckern am Nil-Ufer, andererseits versandet der gesamte Stausee vermutlich innerhalb der nächsten 500 Jahre. Der Assuan-Staudamm wäre spätestens damit seiner Funktionsfähigkeit beraubt.

Was bedeutet das für die Nutzung der Gezeitenkraft?

Ein versanden des Meeres ist nicht möglich, wohl aber das der dem Land zugewandten Seite eines Gezeitenkraftwerkes. Somit wäre es möglicherweise eine aufwendige Methode zur Landgewinnung!

Doch es gibt noch eine andere erfolgversprechende Möglichkeit die Strömungen von Ebbe und Flut anzuzapfen, ohne gleich ökologische Folgen herauf zu beschwören:

Meeresströmungskraftwerke arbeiten ähnlich wie ein Windkraftwerk, nur dass der Rotor dabei nicht über Wasser im Wind arbeitet, sondern unter der Wasseroberfläche durch die natürliche Meeresströmungsenergie angetrieben wird. Unter dem Namen „Seaflow" entsteht vor der Küste von Cornwall ein Prototyp unter Zusammenarbeit eines britischen Ministeriums mit der Universität Kassel. Eine elektrische Leistung von 300 kW soll mit einem 11 m durchmessenden Rotor bei einer Drehzahl von 15 Umdrehungen pro Minute erzeugt werden. Dabei ist es egal, in welche Richtung das Meerwasser bei Ebbe und Flut fließt, denn die Rotorblätter sind bis 180° verstellbar. Die Konstruktion können Sie sich so vorstellen:

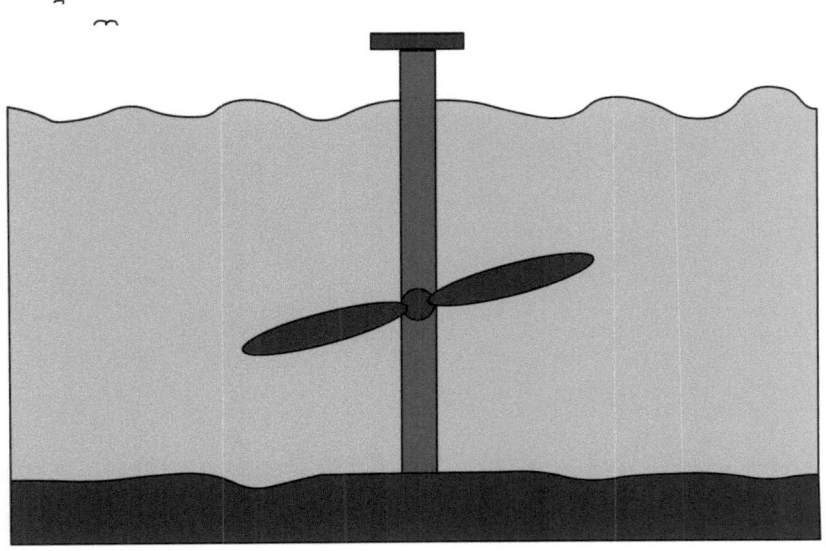

Die höhere Dichte des Wassers (im Vergleich zur Luft) lässt auch bei geringen Fließgeschwindigkeiten eine wesentlich höhere Leistungsausbeute zu, als bei einer Windkraftanlage. Die langsame Rotorengeschwindigkeit der Meeresströmungstechnik schädigt auch keine Meeresorganismen. Die schnellen Windkraft-Rotoren töten dagegen viele Vögel und sogar Fledermäuse.

Der Hauptvorteil zur Windkrafttechnik liegt jedoch in der Gleichmäßigkeit und Berechenbarkeit von Gezeitenströmen, bei ähnlichen Stromproduktionskosten.

In Europa gibt es mehr als einhundert denkbare Standorte für „Meeresströmungsparks". Denn genau wie bei der Nutzung der Windenergie macht es keinen Sinn, Anlagen nur vereinzelt aufzustellen. Genauso ist es zweckmäßig, über kombinierte Lösungen nachzudenken, bei denen Meeresströmungskraftwerke mit Wellenkraftwerken und Windenergieanlagen gekoppelt durch ein einziges gemeinsames Kabel Strom kostengünstig ins öffentliche Netz einspeisen:

28

Doch selbst wenn man die optimistische Einschätzung der Firma Voith teilt und davon ausgeht, dass der gesamte Strombedarf der Menschheit aus der Energie der Weltmeere zu decken ist, tauchen ein paar Schwierigkeiten dabei auf:

Erstens ist die Wellenenergie ungleichmäßig. Als Folgeerscheinung der Windenergie ist sie von Wetterlagen und Jahreszeiten abhängig. Es müsste auch über größere Zeiträume hinweg sehr viel Energie zwischengespeichert werden. Speicherkraftwerke kosten zusätzliches Geld und führen außerdem noch zu elektrischen Leistungsverlusten.

Zweitens muss am oder im Meer produzierter Strom über mehr oder weniger lange Strecken geleitet werden. Über mittlere Entfernungen sind Verluste von 30% schnell erreicht und über große auch jenseits der 60%-Grenze möglich.

Drittens explodiert die Zahl der Menschen auf dieser Welt. So wollen immer mehr am steigenden Wohlstand teilhaben, und verbrauchen mit Sicherheit schon in wenigen Jahrzehnten wesentlich mehr an Strom.

So bleibt als Fazit festzuhalten, dass selbst wenn es gelänge, mit modernster Supraleiter-Technik Strom aus dem Meer verlustfrei zu speichern und weiterzuleiten, der ansteigende menschliche Energiehunger damit allein nicht zu decken ist. Es könnte also sein, dass auch der entschlossenste Ausbau der Wasserkraft mit dem global wachsenden Strombedarf nicht schritthält.

Meiner Meinung nach ist demnach die Auswirkung auf die Nutzung der Kernenergie und damit den Uranpreis nicht entscheidend.

Wie sieht es nun mit den restlichen alternativen Energieformen aus?

Schlummern in Biomasse, Erdwärme, Sonne und Wind Potentiale, die die weltweiten Energieprobleme lösen könnten, obwohl sie zur Zeit nur rund 2% des globalen Stroms erzeugen?

Klare Antwort: Zum größten Teil nein!

Fangen wir die Betrachtung von hinten an, bei der Windenergie. Sie wurde ja indirekt schon zum Thema Wellenkraft erwähnt und ist eine unstete Energieform. Mal zu wenig, mal zu viel und selten genau richtig bläst der Wind aus unterschiedlichsten Richtungen. Grundsätzlich gelten hierbei die gleichen Kritikpunkte, wie im Bereich Meeresenergie, nur diesmal stärker. Ohne die gleichzeitige Verwendung von Speicherkraftwerken ist die Verwendung der Windkraft geradezu unsinnig bis kontraproduktiv.

Wie sollte unabhängig von effektiver Energiepufferung auch nur ein einziges Kohle- oder Atomkraftwerk abgeschaltet werden können, ohne dass die Grundversorgung mit Strom nicht gefährdet wäre?

Im deutschen Bundesland Schleswig-Holstein plant man, bis zum Jahre 2020 den kompletten Stromverbrauch seiner Bürger aus der Windenergie decken zu können. Energiestaatssekretär Jost de Jager möchte über eine Bundesratsinitiative höhere Abnahmepreise für die Windstrom-Produzenten erreichen. Bis Anfang 2015 sollen 12 Cent pro Kilowattstunde vergütet werden.

Planungen zur Energiespeicherung sind dagegen Fehlanzeige!

Doch abgesehen von Offshore-Windkraftanlagen in Küstennähe, wie sieht das zusätzliche Energiepotential allgemein aus?

Der Anteil am momentanen Nettostromverbrauch ist in den verschiedenen Bundesländern höchst unterschiedlich. Er liegt in Berlin mit 0% am niedrigsten und ist in Sachsen-Anhalt mit beinahe 39% am höchsten. In Deutschland gibt es insgesamt 18.767 Windenergieanlagen, die zusammen 21.155 MW Leistung erbringen und damit über 7% des bundesdeutschen Stroms liefern. Dieser Durchschnittswert täuscht darüber hinweg, dass der tatsächliche Anteil an windstarken Tagen wesentlich höher liegen kann, sich dagegen an windschwachen auch mal bei nahe Null bewegen kann.

Die große Zahl der Anlagen sowie an Standorten führt zwar zu einem relativem Ausgleich der Leistungsschwankungen, benötigt aber bei einem weiteren Ausbau der Windenergie immer noch die bestehenden konventionellen Kraftwerke zum Abdecken der Regel- und Reservekapazitäten des öffentlichen Stromnetzes.

Die machbare Grenze für die Nutzung der Windkraft in Deutschland wird mit allgemein 20 bis 25% des Gesamtbedarfs angegeben.

Diese Angaben beziehen sich natürlich immer auf den heutigen Stromverbrauch! Ein beträchtlicher Anstieg des Strombedarfs bleibt somit völlig unberücksichtigt. Jetzt mögen Sie vielleicht einwenden:

„Warum sollte denn der Stromverbrauch in den nächsten Jahrzehnten so stark ansteigen?"

„Verbrauchen wir dank der Energiesparlampen nicht immer weniger davon?"

Haben Sie in den letzten Jahren einmal nachgerechnet, wie viel mehr Strom Ihr neuer PC verbraucht?

Haben Sie auf der letzten Internationalen Automobil Ausstellung verfolgt, wie viele Hersteller die (seit Jahrzehnten verzögerte) Einführung des Elektroantriebes durch die hybride Hinterküche planen?

Stellen Sie sich einmal vor, im Jahre 2020 würden nur noch Elektroautos auf unseren Straßen fahren, um welchen Betrag würde sich der notwendige Strombedarf vermehren?

Ein modernes Autos gilt heutzutage mit einer Leistung von 70 kW bereits als untermotorisiert! Kalkulieren wir diese näherungsweise mit den durchschnittlichen 1500 km pro Monat bei einer mittleren Geschwindigkeit von 100 km/h, erhalten wir einen monatlichen Stromverbrauch von 1050 kWh pro PKW. Zur Zeit fahren davon über 46 Millionen in der Bundesrepublik herum. Deshalb würde sich allein der deutsche Strombedarf auch innerhalb weniger Jahre um 580 Mrd. kWh jährlich vermehren können!

Da sinnvolle Standorte für Windenergieanlagen an Land bereits besetzt, sowie auch Offshore-Positionen begrenzt sind, kann die Windenergie in einer solchen Zukunft nur ein energetisches Zubrot liefern! Mehr nicht!

Nun könnte bei dem einen oder anderen medienberichtsorientierten Leser Widerstand aufkeimen, etwa in der Form:

„Ja, was ist denn mit der Brennstoffzelle und der Wasserstoff-wirtschaft?"

Ein reines Brennstoffzellen-Auto wäre letztlich auch nur eine spezielle Form eines Elektroautos. Wasserstoff würde in der Brennstoffzelle elektrische Energie für einen Elektroantrieb liefern.

Doch woher käme der dafür nötige Wasserstoff?

So traurig es für die Verfechter der Wasserstoffwirtschaft sein mag, molekularer Wasserstoff existiert auf der Erde nicht und steht damit nicht als Rohstoff zur Verfügung! Er ist keine Energiequelle!

Reiner Wasserstoff steigt durch sein geringes Gewicht in der Erdatmosphäre auf und verflüchtigt sich ziemlich schnell in den Weltraum. Es sei denn, er oxidiert vorher und verbrennt mit Sauerstoff zu Wasser.

Im Zusammenhang mit Strom könnte Wasserstoff als Energie-speicher dienen, wären da nicht die beträchtlichen Verluste bei der Elektrolyse, beim Speichern(, bei einem möglichen Transport) und in der stromerzeugenden Brennstoffzelle. Das ergibt insgesamt einen Energie-Schwund von 60%! Von ursprünglichen 100 Watt Strom blieben am Ende nur noch 40 Watt übrig!

Speist man die Elektrolyse auch noch mit Solarstrom, wird es richtig teuer, wenn man den Vergleich zum technischen Wasserstoff macht:

Herstellungskosten
in Euro pro m³ Wasserstoff

Stand: 2002

Ein Herstellungspreis von 1,60 € pro m³ Wasserstoff ist dabei noch sehr niedrig angesetzt, denn ich habe bei der Berechnung einen Solarstrompreis von 0,40 € pro kWh zugrunde gelegt und bin bei der Erzeugung in einer technischen Anlage von nur 4 kWh/m³ ausgegangen, obwohl bis zu 5 kWh/m³ durchaus üblich sind. Als Voraussetzung für die Elektrolyse von Wasser sind idealerweise noch zwei Dinge zusätzlich nötig: Erstens dass das Wasser wirklich rein ist und zweitens dass ein chemischer Zusatz hinzu gefügt wird, um die elektrische Leitfähigkeit zu erhöhen, z.B. mit Kaliumhydroxid. Der Energieaufwand hierfür und die anfallenden Kosten blieben unberücksichtigt.

Nun wird sich (wie ich später noch aufzeige) der Solarstrompreis mittel- bis langfristig nach unten bewegen, genau wie sich die Ausgangsprodukte Öl und Gas für die petrochemische Wasserstoffproduktion preislich erhöhen.

Die Vision einer solaren Wasserstoffwirtschaft träumt von einer kostengünstigen Solarstromproduktion in Afrika, einer dortigen Umwandlung in Wasserstoff, dem Abtransport über Pipelines oder mit Tankschiffen und schließlich der Verbrennung oder Verstromung bei uns.

Nun stellt sich die Frage, wie viel darf der afrikanische Solarstrom kosten, damit der letztendliche Wasserstoffwirtschaftsstrom in Europa auf höchstens 12,5 Eurocent pro kWh kommt?

Erinnern Sie sich an den Energieverlust von 60%?

Hierin versteckt sich ein zusätzliches mathematisches Problem, denn um von den verbliebenen 40% Restenergie wieder auf 100% zu kommen, reicht es nicht aus, wieder 60% hinzu zu tun:

Denn 40% mal 1,6 sind nur 64%! Erst 40% mal 2,5 ergeben 100%!

Daraus ergibt sich ein maximaler afrikanischer Solarstrompreis von nur 5 Eurocent pro kWh, damit der Wasserstoffstrom nicht völlig unwirtschaftlich würde. Doch warum sollte so günstige Sonnenenergie in dieser Weise verschwendet werden?

Elektrischer Strom kann doch auch als solcher weitergeleitet und dann direkt verwendet werden. Mit den zum Thema Wasserkraft erwähnten gebräuchlichen Hochspannungsleitungen kommt man allerdings nicht besonders weit und aus Afrika sind es über 3000 km bis nach Europa. Hilfe verspricht hier eine erstmals in Südafrika angewendete neue Leitungstechnologie:

Hochspannungs-Gleichstrom-Übertragung (HGÜ) heißt das viel versprechende Verfahren, bei welchem demnächst mit 800 Kilovolt gearbeitet wird und uns bis 4000 km Übertragungsstrecke nicht mehr als 10% Leitungsverlust beschert!

Wenn die Herstellung von H2 mittels elektrischer Energie keinen Sinn macht, warum dann nicht gleich petrochemischen Wasserstoff verwenden?

Er wird für eine Vielzahl chemischer Produktionsprozesse benötigt und deshalb jährlich mit mehr als 400.000.000.000 m³ umgewandelt. Entweder durch partielle Oxydation von schwerem Heizöl oder Steamreforming von Erdgas. In jedem Fall entstehen bei diesen Verfahren außerdem noch Kohlendioxid, Kohlenmonoxid und Methan, die als unerwünschte Nebenprodukte mit großem Aufwand abgetrennt werden müssen.

Doch hier stellt sich wiederum die Frage, wozu erst ein Umweg über Wasserstoff beschritten werden soll? Erdgas und Heizöl lassen sich auch direkt verbrennen!

In einer Hinsicht ist Wasserstoff der Anwendung von Erdgas deutlich überlegen: Im Gefahrenbereich! Währenddessen Erdgas nur in einem schmalen Zündbereich von 5 bis 15 Volumenprozent mit Luft explosiv ist, zündet Wasserstoff im breiten Bereich von 4 bis 75 Volumenprozent. Die Benutzung kann daher nur ausgebildeten Fachleuten oder Lebensmüden empfohlen werden!

Es gibt wenig Grund anzunehmen, dass es demnächst zu irgend einer umfassenden Variante der Wasserstoffwirtschaft und einem damit zusammenhängenden ernsthaften Bedarf an Brennstoffzellen in Deutschland oder sonst wo kommen wird!

Wenn Brennstoffzellen sinnvoll einzusetzen sind, dann für die Verstromung von Benzin, Alkohol oder ähnlichem Treibstoff. Wenn Sie nun sogleich an Ihr Auto vor der Tür denken, wird schnell klar, dass Sie sich auch hierbei die Brennstoffzellen-Technologie sparen können. Schließlich fahren Sie ohne eine solche ja auch schon seit Jahren mit dem passenden Treibstoff!

Entscheidend ist doch nicht, wie Energie umgewandelt wird, sondern wo sie herkommt. Aus des Ölscheichs letzter Bohrung, aus einer bäuerlichen Güllegrube mit Biogasanlage oder direkt vom idyllischen Acker nebenan?

„Bio" ist in aller Munde, doch entwickelt es dabei manchmal einen eigentümlichen Beigeschmack. So betitelte die Zeitschrift „AUTO, STRASSENVERKEHR" im Heft 20/2007 einen Report über Kraftstoffe mit: „So umweltfeindlich ist Bio-Sprit"

Großflächig angebaute Getreide-Monokulturen für Bio-Ethanol seien fünf Mal umweltschädlicher als Benzin, Dünger und Pestizide aus dem Rapsöl-Anbau würden das Grundwasser genau wie die Artenvielfalt schädigen und schließlich würden in Asien ganze naturschutzwürdige Sumpfgebiete und Wälder verschwinden, damit dort Ölpalmen-Plantagen für die Bio-Diesel-Produktion entstehen könnten.

Obwohl mich persönlich noch mehr beeindruckt hat, dass arme Mexikaner sich kaum noch Taccos leisten können, weil aus Mais hergestelltes Ethanol in den USA so reißenden Absatz findet. So müssen sich von Bio-Kraftstoff begeisterte Politiker und Energie- wie Automobilkonzerne fragen lassen, ob sie damit allen Ernstes die Energieprobleme der Menschheit lösen können?

Auch wenn der amerikanische Präsident George W. Bush im Jahre 2005 ein Energiegesetz auf den Weg brachte, das eine Verdoppelung der Biodiesel- und Ethanol-Produktion bis 2015 vorsieht und die EU sogar in ihrer Richtlinie 2003/30/EC einen Anteil der Biokraftstoffe von 20% bis 2020 anpeilt, ist doch sonnenklar, das „Bio" für die globale Energiegewinnung nur eine sehr untergeordnete Bedeutung spielen kann, denn die Anbauflächen reichen nicht für mehr!

Statt nun nach noch größeren staatlich geförderten Bedeutungs-losigkeiten zu fahnden, ist hier der Wendepunkt dieses Buches erreicht. Alle Leser, die sich von der Vorstellung einer Energiekrise der Menschheit nicht trennen möchten, lesen bitte jetzt nicht weiter, klappen diese Seiten zusammen, werfen sie dann ausreichend weit von sich, laufen schließlich möglichst schnell davon und kehren nie wieder zurück!

Allen anderen sei gesagt, dass die heutige Situation des Homo Sapiens der eines einzelnen Menschen gleicht, der mitten in einem Getränkeladen zu verdursten droht. Entweder ist er zu dumm um die Flaschen und Getränkedosen zu öffnen oder schlimmer noch so blind, dass er deren Existenz nicht wahrnimmt oder gar leugnet.

Auch wenn es unserer alltäglichen Wahrnehmung widerspricht, ist alles was existiert nicht mehr und nicht weniger als ein pulsierendes Energiefeld, im Urknall mit der Raumzeit geboren und zum Teil zeitweise zu Materie kondensiert. Alles ist letztlich Energie und damit immer im absoluten Überfluss vorhanden.

So kann grundsätzlich auf drei verschiedene Arten energetisch aus dem Vollen geschöpft werden:

Aus dem Energiefeld selbst, aus der Fusion und dem Zerfall von Materie. In dieser Reihenfolge sind auch die Energiepotentiale einzuschätzen als unendlich, überreichlich und genügend.

Der größte uns zur Verfügung stehende Atomreaktor ist die Erde selbst. Sie enthält in ihrem Inneren genügend langlebige radioaktive Isotope, deren Zerfall die äußeren Kernbereiche flüssig hält und ständig über 0,03 Watt pro Quadratmeter Erdoberfläche in den Weltraum abstrahlt. Das hört sich vielleicht nach wenig an, führt jedoch in Erdkern zu Temperaturen von mehr als 4500° Celsius und dazu, dass 99% der gesamten Erdmasse immerhin heißer als 1000° sind. Sicherlich, fast genauso viel Energie stammt aus der Entstehungszeit der Erde, dennoch ist sie als Kernreaktor anzusehen. Energiemengen, die aus dem Inneren abgezapft werden, erneuern sich nach einiger Zeit. So könnte theoretisch aus den obersten 3km der Erdkruste für 100.000 Jahre lang der menschliche Energiebedarf gedeckt werden. Dieser würde jedoch innerhalb dieses Zeitraumes teilweise durch den Wärmestrom aus dem Erdinnern wieder aufgefüllt sein. Damit könnte sich die Menschheit also nahezu endlos mit Wärmeenergie versorgen.

Dennoch eignet sich die Nutzung der Geothermie nicht so gut für großtechnologische Anlagen, da die Erdkrustentemperatur in einem begrenzten Gebiet durchaus während der Nutzungszeit in unwirtschaftliche Bereiche absinken könnte.

Daher erfolgt die Geothermienutzung idealerweise dezentral zum Heizen gerade alleinstehender Häuser. Die hierzu übliche Wärmepumpen-Technologie ist mittlerweile ausgereift und überaus wirtschaftlich.

Die Funktionsweise einer Wärmepumpen-Heizung ist einfach, wie auch bestechend. Sie arbeitet wie ein „umgedrehter" Kühlschrank. Im umliegenden Erdreich sammeln Rohrleitungen Wärmeenergie. Zur Winterzeit sind dies durchschnittlich 10° Celsius, die von der Wärmepumpe auf über 40° komprimiert werden. Damit kann man dann bequem sein Haus auf angenehme Temperaturen bringen.

Der eigentliche Trick ist jedoch, dass tatsächlich Energie hinzugewonnen wird. Pro Kilowatt, das die Wärmepumpe bei ihrer Tätigkeit an Strom verbraucht, erhält man zwei bis drei Kilowatt an Wärmeenergie zurück. Es entsteht 200 bis 300% soviel Nutzenergie!

Doch wo kommt sie nun her, die Elektrizität einer Welt energetischen Überflusses?

Die geringste Energie entsteht beim Zerfall von Materie. Wesentlich mehr davon setzt deren Fusion frei, so wie es seit Milliarden von Jahren in der Sonne geschieht. Ein winziger Teil ihrer Strahlung erreicht dabei die Erde. Jedoch ist dieser Rest allerdings 10.000 mal größer, als der Energiebedarf der gesamten Menschheit!

Mit durchschnittlich rund 1000 Watt pro Quadratmeter Erdoberfläche strahlt unser lebensspendender Stern über 33.000 mal mehr Energie auf unseren Heimatplaneten, als dieser durch seine radioaktiven Zerfallsprozesse in seinem Innern erzeugt.

Alle 1 bis 2 Stunden scheint der Energiebedarf eines vollen Jahres auf die Tagesseite unserer Welt herab! So wird der Erdball auf jedem einzelnen seiner Kontinente täglich mit Energie förmlich überschüttet!

Daraus geht hervor, dass eine Energiekrise an sich unmöglich ist. Es gibt nur eine momentane Unfähigkeit/Unwilligkeit dieses Überangebot auch aufzufangen und zu speichern.

Nachdem der allseits bekannte Albert Einstein zurecht den begehrten Nobelpreis dafür erhielt, zu erklären wie Strahlung in Strom verwandelt wird, gibt es keine Ausrede mehr dies nicht auch in die allgemeine Praxis umzusetzen.

Bisher galt der relativ hohe Preis von Solarstrom mit etwa 50 Eurocent/kWh als Hinderungsgrund. Doch obwohl über Jahrzehnte Forschungsmittel regelrecht in falsche Richtungen wie Atomenergie und Wasserstoff-Brennstoffzelle geschaufelt wurden, lässt sich dieser Zustand nicht mehr lange aufrecht erhalten.

Auch wenn die Herstellung auf Silizium basierender Photovoltaik-zellen recht aufwendig ist, verbessern die führenden Produzenten ständig die notwendigen Verfahren vom Herstellen des Siliziums, der einzelnen Zellen und Module bis hin zum Eigenbetrieb fertiger Solarkraftwerke. Firmen die die gesamte Wertschöpfungskette abdecken möchten, sind beispielsweise die deutsche Solarworld AG, die chinesische Suntech Power Co. Ltd. und die amerikanische Sunpower Corporation.

Nach der neusten internationalen Studie von PHOTON Consulting werden ab 2010 an günstigen Standorten wie Süd-Spanien die Solarstromgestehungskosten pro Kilowattstunde auf 8 Eurocents fallen. Damit läge die Photovoltaik auf dem Kostenniveau moderner Braunkohlekraftwerke. Selbst im sonnenärmeren Süddeutschland könnte für 15 Cents/kWh produziert werden. So erscheinen die Gewinnaussichten der Solarkonzerne für die nächsten Jahre sehr sonnig, zumal in Deutschland immer noch eine viel höhere Einspeisungsvergütung aus dem EEG gezahlt wird. Doch auch in der Hälfte der OECD-Länder würde nach 2010 die Elektrizität aus dem Sonnenlicht unter den dort üblichen Strompreisen liegen. Die Autoren der Studie Joel Conkling und Michael Rogol sehen gar einen Solarstrommarkt in der Größenordnung von 1.500 Gigawatt!

Doch bevor Sie nun los laufen, um schnell noch ein paar Aktien der oben genannten Firmen zu kaufen, sollten Sie vielleicht noch eine Hintergrundinformation bedenken:

Die Solarsparte des Shell-Konzerns hat im vergangenen Jahr ihre Silizium-Fabriken an die Solarworld AG verkauft.

Warum tut der bekannte Ölkonzern so etwas?

Brauchte er dringend Geld?

Will er aus dem lukrativen Solarstrommarkt aussteigen?

Oder sieht Shell das Ende der Silizium-Technologie kommen und führt es unter Umständen sogar selbst herbei?

Das Solarzeitalter

Genau genommen leben wir seit Anbeginn der Menschheitsgeschichte im Solarzeitalter. Ohne die Sonne war, ist und wird das Leben auf unserem blauen Planeten unmöglich sein. Sie ist (im richtigen Abstand zu ihr) gemeinsam mit reichlich vorhandenem Wasser unsere elementare Existenzgrundlage. Deshalb sollten wir alle dafür sehr dankbar sein!

Seit vielen Millionen Jahren nutzen irdische Organismen die Energie des Tageslichtes, um sich mit seiner Hilfe zu ernähren und zu wachsen. Für schlechte Zeiten werden Reserven angelegt, manchmal auch über den Tod hinaus. Massenhaft Abgestorbenes kann (unter Ausschluss von Sauerstoff) in einem späteren Erdzeitalter (zu Kohle oder Öl geworden) seine chemisch gebundene Sonnenernergie immer noch bereithalten. Heute werden diese fossilen Energieträger wieder ans Tageslicht gebracht, verarbeitet, genutzt und leider all zu oft einfach nur verbrannt, um damit zu heizen, Strom zu erzeugen oder sich fort zu bewegen.

Was liegt also näher, als es der Natur gleich zu tun und mit organischen Strukturen das Sonnenlicht einzufangen. Einen Baum als „biologische Solarzelle" zu gebrauchen ist nicht der energetisch sinnvollste Weg, da lebendige Wachstumsprozesse auch viel Energie verbrauchen. Interessanter wäre es doch, mit einer organischen Solarzelle (ohne eigenen Stoffwechsel) direkt Strom zu erzeugen. Die notwendigen Ausgangsstoffe sind billig und leicht zu besorgen. Wenn auch keine Wirkungsgrade von über 20% wie bei den monokristallinen Silizium-Zellen zu erwarten sind, wäre die organische Photovoltaik unschlagbar kostengünstig.

Nicht nur der Shell-Konzern interessiert sich für diese viel versprechende Technologie, selbst das (verschlafene) Bundesministerium für Bildung und Forschung hat Mitte 2007 dazu eine Förderinitiative gestartet. Einzelne Forscher sind allerdings auch ohne nennenswerte Fördertöpfe schon sehr weit gekommen. So genannte „Quantenpunkte" können als winzige kristalline Strukturen aus Oliven-Öl(!) gezüchtet werden. Zwischen zwei stromleitenden Folien aufgebracht, lassen sich Solarzellen damit hauchdünn, biegsam und sogar transparent herstellen. Von Fenstern über Dächer und Fassaden könnten dann alle bebauten und dem Sonnenlicht ausgesetzten Flächen zur Solarstromproduktion genutzt werden.

Vom Potential her, wäre es kaum ein Problem, so den gesamten Strombedarf zu decken, zumindest solange die Sonne scheint. Wörtlich und übertragen taucht hier die Schattenseite der Photovoltaik auf. In Deutschland kommt man durchschnittlich auf 1000 Sonnenstunden pro Jahr. Doch das Jahr hat insgesamt 8760 Stunden. Daraus ergibt sich, dass nur 11,4% des Jahres zur Verfügung stehen, um 100% des Strombedarfs zu liefern. Um dies zu erreichen, müsste die zehnfache Spitzenleistung des Durchschnittsbedarfs bei Sonnenschein erzeugt werden. Dies reicht jedoch nicht in der Praxis aus, da es bei der Speicherung und Umwandlung zu Verlusten kommt. Egal ob Wasserstoffelektrolyse mit Brennstoffzellen-Technologie verbunden wird oder Batterien, Schwungräder, Drucklufttanks, Kondensatoren und selbst (gekühlte) Supraleiter-Spulen als Speichermedium genutzt werden. Es entstehen immer Verluste in einer Größenordnung von 25 bis 50% der ursprünglichen elektrischen Energie. Deshalb würden photovoltaische Spitzenleistungen zwischen 1250 und 2000% des elektrischen Durchschnittverbrauches benötigt. Leider kommt es aufgrund unterschiedlicher Wetterlagen zusätzlich zu jährlichen Schwankungen von bis zu 20%. Außerdem geht in einem Speicherkraftwerk auch mal etwas kaputt und die zuvor gespeicherte Leistung ginge verloren. Kalkulieren wir also noch einmal 10% dazu und schon liegen wir bei bis zu 3000% des normalen Strombedarfs!

Je nach Wirkungsgrad der Solarzellen, würden von 6 bis 12% der Gesamtfläche Deutschlands dafür benötigt.

Wenn dies auch ohne zusätzliche Bodenversiegelung grundsätzlich technisch (in Städten und Industrieanlagen) möglich wäre, stellt sich doch die Frage, ob dies ökonomisch sinnvoll ist?

Stellen Sie sich vor, Sie gingen zu Ihrem Chef und würden ihn nach einer Gehaltsveränderung fragen:

„Hey Boss, sie wissen ja, dass ich ungefähr 2000 Euro monatlich verbrauche, also geben sie mir bitte im nächsten Monat 60.000!"

Ohne Zweifel hätte Sie entweder den Lacher oder die verständnislose Ablehnung auf Ihrer Seite, doch im energiepolitischen Rahmen wäre solch ein Verhältnis durchaus denkbar. Die deutschen Einspeisungsvergütungen sind nach dem EEG auf eine ganze Reihe von Jahren beschlossene Sache. Da eine Produktion von Silizium-Zellen herstellungstechnisch bisher nur sehr begrenzt möglich war, wurde an eine Begrenzung der Fördersummen im EEG nicht gedacht. Spätestens wenn den normalen Hausbesitzern und Wohnungsbaugesellschaften günstigere Solarzellen auf organischer Basis zum Kauf angeboten werden, wird die Solarstrom-Erzeugung förmlich explodieren. Auf das gesamte Jahr gerechnet macht der Strom aus der Sonne in Deutschland weniger als 0,5% aus. Auch ohne umfangreiche Speicher-Technologien könnte das heutige Stromnetz bis zu 25% aufnehmen. Daraus folgt eine wahrscheinliche Vervielfachung der Photovoltaik-Anlagen um das Fünfzigfache!

Selbstverständlich steigen damit auch die Umsätze der betreffenden Unternehmen. Ist eine solche Firma börsennotiert, entwickeln sich die Kurse dementsprechend, wie auch eine erfreuliche Dividende zur erwarten wäre.

Deshalb sollten Sie sich Aktien der ersten Firmen kaufen, die haltbare organische Solarzellen auf den Markt bringen!

Die oben beschriebene Entwicklung könnte dann aus 10.000 Euro im Jahre 2008 (2009 oder 2010) über 500.000 Euro bis 2020 machen!

Unrealistisch?

Jemand der mit 10.000 US-Dollar Investition den Börsengang von Mircosoft mitgemacht hätte, wäre jetzt Multimillionär!

Dies wird die erste Phase des Solarzeitalters einleiten. Von der staatlichen Förderung über die organische Photovotaik bis hin zum Stromüberfluss an sonnigen Tagen. Ob die Speicherung solarer Energie sich ähnlich positiv entwickelt, hängt von der Einschätzung, Einsicht und Zielstrebigkeit der entscheidenden Politiker und letztlich der öffentlichen Meinung ab. Deshalb sollten Sie diese Entwicklungen genau beobachten.

Wird das Potential und die Notwendigkeit von Speicherkraftwerken erst einmal erkannt, ergeben sich für die Hersteller- und Betreiberfirmen heutzutage unvorstellbare Wachstumsbereiche. Sowohl die Umsätze wie auch die betreffenden Aktienkurse werden in ungeahnte Höhen schnellen, denn ebenso die Nutzung der Wellen- und Windenergie machen sie wert- und sinnvoll.

Der konsequente Bau speichernder Kraftwerke wäre auch schon im Moment wichtig, um nämlich über 50% der bestehenden Kraftwerke abschalten zu können. Das bisherige Stromnetz basiert darauf, die täglichen Spitzenlasten mit einer ausreichenden Anzahl an Kraftwerken abzudecken oder wenigstens Leistungsspitzen über den Zukauf ausländischen Stromes zu bewältigen.

Gäbe es die Möglichkeit genügender Energiespeicherung, könnten 33% der deutschen Kraftwerke bei voller Auslastung rund um die Uhr laufen und die restlichen 17% könnte ebenso die Energiepuffer füllen, welche zu Spitzenzeiten benötigt würden.

Klar wären als erste besonders teure, umweltschädliche oder gefährliche Kraftwerke von einer Abschaltung betroffen. Mit steigendem Uranpreis stünden also Kernkraftwerke ganz vorne auf der „Abschaltungsliste". Deshalb ist es gerade für Uran-Zertifikate-Spekulanten wichtig, nicht nur die alternative Energieerzeugung, sondern besonders die Stromspeicher-Technologien im Auge zu behalten. Dies könnten auch ungenutzte Kapazitäten moderner Elektroautos sein, die im städtischen Bereich zwischen 30 und 50 km täglich fahren, jedoch bald über Reichweiten von 200 bis 400 km verfügen werden.

Doch wird sich die Entwicklung auf die jetzigen Industrieländer beschränken?

Die zweite Phase des Solarzeitalters wird von Außen kommen, aus der Wiege der Menschheit und dem Ort höchster Temperaturen und Sonneneinstrahlungen:

Zentral-Afrika!

Mithilfe der nahezu verlustfreien HGÜ-Technik wäre der energetische Abtransport auch in den letzten Winkel Europas relativ problemlos. Doch welche Art von Solarzelle wäre am besten geeignet, Sonnenlicht und -wärme bei Tag und Nacht in Strom zu verwandeln?

Hans Günther beschrieb bereits schon 1931 ein Thermikkraftwerk innerhalb seines Buches „In hundert Jahren", doch erst Prof. Dr. Ing. Jörg Schlaich baute 1982 im spanischen Manzanares eine Aufwindkraftwerk-Versuchsanlage:

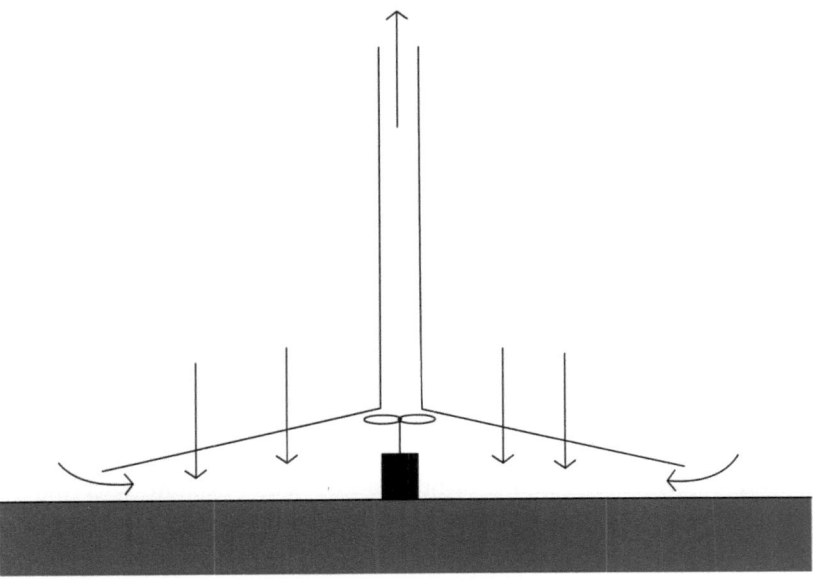

Unter einem kreisförmigen Treibhaus mit 244 Metern Durchmesser erwärmte sich die Luft durch die Strahlen der Sonne und strömte zum zentralen Kamin von knapp 195 Metern Höhe. Der entstehende Aufwind im Innern des Turms trieb eine Vertikalachsenturbine an und sorgte jahrelang so gut wie störungsfrei für eine Leistung von über 50 kW.

Der eigentliche Gag dieses Verfahrens ist jedoch, dass sich der Treibhausboden tagsüber erhitzt und diese Wärmeenergiemenge auch nachts abgibt. Das Aufwindkraftwerk kann also selbst dann noch Strom erzeugen, wenn die Sonne längst nicht mehr scheint. Dieser Effekt kann durch zusätzliche thermische Speicherelemente verstärkt werden.

Da die Rentabilität eines Aufwindkraftwerkes rein rechnerisch mit der Größe steigt, machen zur kommerziellen Nutzung nur wirklich sehr große Anlagen Sinn. Setzt man einen rund 40 Quadratkilometer bemessenden Treibhaus-Kollektor voraus, könnten mit einem 1000 Meter hohen Kamin 200 MW erzeugt werden. Bei einer Turmhöhe von 1500 Metern wären es immerhin schon 400 MW, sozusagen ein halbes Atomkraftwerk. Nur mit dem feinen Unterschied, dass die Nutzung der Solarthermik keine Brennstoffkosten hervorruft!

Deshalb könnte trotz der notwendigen 1,5 Milliarden Euro Baukosten für ein solches Thermikkraftwerk wahrscheinlich der billigste Strom der Welt produziert werden: Nur 2,5 ct/kWh, da im laufenden Betrieb nur noch Wartungskosten anfallen würden.

In Afrika, Australien und Asien sind mehrere solcher Anlagen geplant, aber über das Papier noch nicht hinaus gekommen. Sollte jedoch das erste dieser extremen Großprojekte erfolgreich laufen, sind zahlreiche Nachahmungen vorprogrammiert.

Um den globalen Strombedarf zu decken, müssten über 5.000 dieser Giganten entstehen und würden dabei ein Gesamtinvestitions-volumen von sage und schreibe 7.500 Milliarden Euro verschlingen.

So etwas wie ein arbeitsloser Bauarbeiter wäre dann auf Jahrzehnte sicherlich weltweit unbekannt.

Leider wird bei dieser Technologie nur 1% der eingefangenen Sonnenenergie in Strom umgewandelt und der Rest buchstäblich durch den Schornstein gejagt. Würde der weltweite Energiebedarf ausschließlich durch Aufwindkraft erzeugt, müsste sich unser Weltklima mit 99 mal so viel heißer Luft in unnatürlichen Höhen auseinander setzen. Das dies etwas positives für unsere Umwelt bedeuten könnte, ist schwer vorstellbar!

Daher stellt sich die Frage, wie die dritte Phase des Solarzeitalters erreicht werden kann?

Muss dafür eine Technologiestufe wie in „Star Trek" erzielt oder wenigstens die nächste UFO-Absturzstelle geplündert werden?

Oder reicht dazu eine kleine Weiterentwicklung einer Technologie aus, die schon im 19.Jahrhundert öffentlich bekannt war?

Auf der Pariser Weltausstellung von 1878 stellte Augustin Mouchot etwas vor, mit dem er die Energie der Sonne in Elektrizität umwandeln wollte: Die Solar-Dampfmaschine!

Fast genau 130 Jahre später heißt die moderne Version davon Paraboloidkraftwerk mit Stirlingmotor und besitzt einen Wirkungsgrad von weit über 30%. Bei diesem Kraftwerkstyp wird ein mechanisch beweglicher Parabolspiegel so ausgerichtet, dass das Sonnenlicht in einem Brennpunkt gesammelt wird. Hier sitzt ein Wärmeempfänger, der die aufgefangene Energie thermisch an einen Sterlingmotor leitet, welcher diese direkt mechanisch an einen Generator weiter gibt.

Bei einem Spiegeldurchmesser von 25 Metern können damit 50 kW Strom erzeugt werden. Das mag für ein kleines Dorf interessant sein, aber nicht für die großtechnische Nutzung. Hierfür müsste eine sehr große Anzahl von Einzel-Modulen zusammen geschaltet werden. Dabei ist der Schattenwurf der Anlagen hinderlich, weil zwischen ihnen ausreichende Abstände eingehalten werden sollen. Wird beispielsweise alle 50 Meter ein Modul aufgebaut, passen auf einen Quadratkilometer 400 davon. Um zu einem Vergleich mit einem Aufwindkraftwerk zu kommen, nehmen wir diese 400 mal 40 km² und erhalten 16.000 Paraboloidkraftwerksmodule mit einer Gesamtleistung von 800 MW.

Das wäre die doppelte bis vierfache Spitzenleistung bei Sonneneinstrahlung, doch was ist dann nachts?

Irgendwie sind alle Formen der Solarenergienutzung unbefriedigend, aber andererseits muss es doch möglich sein das Überangebot der Sonne umfangreicher nutzbar zu machen.

Vielleicht sind die Konzepte einfach nur falsch herum gedacht?

Da Strom auch bei Bewölkung oder Dunkelheit benötigt wird, ist es ziemlich unsinnig Sonnenschein direkt in Elektrizität zu verwandeln. Außerdem kommt erschwerend hinzu, dass der Wirkungsgrad dabei nicht gerade berauschend ist:

Der Wirkungsgrad bei der Photovoltaik liegt zwischen 6 bis 25%.

Der Wirkungsgrad bei der Solarthermie liegt zwischen 1 bis 30%.

Egal wie und womit Sie danach den entstandenen Strom speichern, ein Teil der ursprünglichen Sonnenenergie ging zuvor verloren.

Drehen wir den Spieß jedoch gedanklich um, dann sieht die Welt gleich anders aus. Ein flacher schwarzer Stein in der prallen sommerlichen Mittagssonne hält sich mit einem geringen Wirkungsgrad unter 30% erst gar nicht auf und wird so schnell so heiß, dass Sie sich ein Spiegelei darauf braten können, ganz ohne Strom, aufwendiger technischer Spielerei und auch noch kostenlos!

Diesen Effekt nutzt man üblicherweise in Sonnenkollektoren von thermischen Solaranlagen zur Warmwasserbereitung oder bei Niedrigenergiehäusern mit Saisonwärmespeicher zur ganzjährigen Raumheizung. Die besten Solarabsorber erreichen Wirkungsgrade von über 75%. Hiermit können auch sehr große Wassermengen auf 95° Celsius gebracht werden und noch Monate später zur Verfügung stehen.

Der Wirkungsgrad ist sehr gut, auch längere Energiespeicherung kein Problem, doch wo kommt jetzt der Strom her?

Ob in Atom- oder Kohlekraftwerken wird Elektrizität dadurch erzeugt, dass man Wasser zum Kochen bringt. Dessen Dampf treibt dann eine Generatoren-Turbine an, fertig!

Wie koche ich Wasser mit einem Speicher, der selbst höchstens 95° warm ist?

Antwort: Mittels einer Wärmepumpe!

Sie kann die Wärmeenergie auf ein höheres Temperaturniveau pumpen und verbraucht für die mechanische Kompression nur 25% der Gesamtleistung. Selbst wenn die anschließende Umwandlung des Wasserdampfdrucks in elektrische Energie noch einmal doppelt so große Verluste verursachen sollte, wären immerhin ein Viertel der ursprünglich eingefangenen Solarenergie zu Strom verwandelt worden. Das heißt, 25% von 75% ergeben einen Gesamtwirkungsgrad von 18,75%!

So ein Sonnenkonverter-Kraftwerk könnte auf der Fläche der Stadt Berlin mit dortiger Sonneneinstrahlung mitten in Deutschland rund um die Uhr, Tag und Nacht, Sommer- wie Winterzeit 18.750 MW Dauerleistung liefern. Das wäre nicht viel weniger als alle deutschen Kernkraftwerke zusammen produzieren können!

An einem sonnigen Ort in Afrika wären das doppelt bis dreimal so viel! Das Zehnfache eines Aufwindkraftwerkes bei gleicher Fläche!

Der wirkliche Trick bei einem solchen Kraftwerk wäre, dass nur bereits vorhandene Technik aus verschiedenen Bereichen anders zusammengesetzt werden müsste!

Man nehme eine Solarkollektor-Heizung (1) mit Wärmespeicher (2), lasse sich bei Bedarf aus diesem eine Wärmepumpe (3) bedienen, die einen weiteren Wasserkreislauf auf Siedetemperatur bringt, dessen Wasserdampf einen Turbinen-Generator (4) antreibt. Garnieren kann man das Ganze auf Wunsch mit einer zusätzlichen Wärmepumpe (5), die einen sonst üblichen Kühlturm ersetzt und die von der Turbine ungenutzte Wärmeenergiemenge in den anfänglichen Wärmespeicher zurück speist.

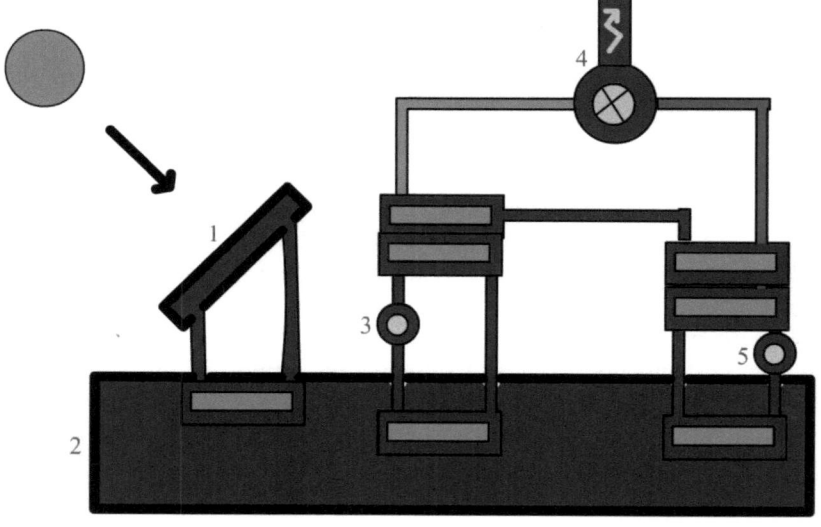

Der Sonnenkollektor (1) könnte mit einer transparenten Photovoltaik-Zelle abgedeckt werden, die Strom für die Pumpleistung in den Wärmespeicher erzeugt, da diese Aufgabe sowieso nur bei Sonnenschein anfällt.

Insgesamt bekäme man einen höchst effizienten Solarkonverter.

Mit dieser Solar-Technologie ließen sich die Energieprobleme der Menschheit schnell und elegant lösen, da sie selbst in Norddeutschland zu jedem Zeitpunkt des Jahres noch mehr als ausreichend Elektrizität zur Verfügung stellen könnte.

Außerdem liegt es doch nahe, gleich auch noch den Energiebedarf für Heizung, industrielle Produktionsprozesse und Transport mit zu erzeugen.

Hat Sonnenwärme und deren Elektrizität erst einmal Öl und Uran abgelöst, werden immer neue Anwendungsmöglichkeiten folgen und dadurch den Stromverbrauch in bisher ungeahnte Höhen treiben.

Den Elektroautos werden Elektroschiffe und schließlich Elektro-flugzeuge/-luftfahrzeuge folgen.

Die Aussichten von Unternehmen, die Wärmepumpen herstellen, wären dann nicht nur glänzend, sondern fantastisch!

Betrachtet man jedoch das Potential der Umwandlung von Wärme in Elektrizität mittels Wärmepumpen, taucht eine noch direktere Art der Energiegewinnung auf, als beim beschriebenen Konzept des Solarkonverters.

Im größeren Zusammenhang betrachtet ist unser blauer Planet als ganzes ein gigantischer Sonnenkollektor. Seine Atmosphäre und vor allem die Weltmeere stellen gewaltige Wärmespeicher dar.

Letztlich ist es einfach eine Kostenfrage, ob dieser Überfluss in der nächsten Zukunft angezapft wird.

Allerdings haben viele Menschen eine völlig falsche Wahrnehmung von dem, was Wärme wirklich ist. Sie ist die Bewegung der Moleküle und erreicht ihren absoluten Nullpunkt erst dort, wo totaler Stillstand eintritt. Dieser kommt in der Natur selbst nicht einmal im Weltraum vor!

Deshalb empfinden wir Minus 20° Celsius als eisig kalt, jedoch stellt diese Temperatur eine so große Energiemenge dar, das zum Beispiel die Wärmepumpen aus der Komfort-Baureihe 8-18 kW der Firma STIEBEL ELTRON der Außenluft noch genügend Heizenergie entziehen, um über eine Fußbodenheizung für wohlige Innenraumtemperaturen zu sorgen. So etwas muss nicht erst entwickelt oder erfunden werden, sie können es bei STIEBEL ELTRON einfach kaufen!

Darum ist es bei einem relativen Wirkungsgrad von über 300% auch keine besondere technische Hürde, zwei verschiedene Wärmepumpenkreisläufe hintereinander zu schalten, um Wasserdampf zu erzeugen, der wiederum einen Turbinen-Generator antreibt. So entsteht durch weglassen der Sonnenkollektor-Heizung eines Solarkonverters ein Wärmekonverter, der über einen Wärmetauscher direkt Energie aus der Luft oder dem Wasser entzieht und in Strom umwandelt:

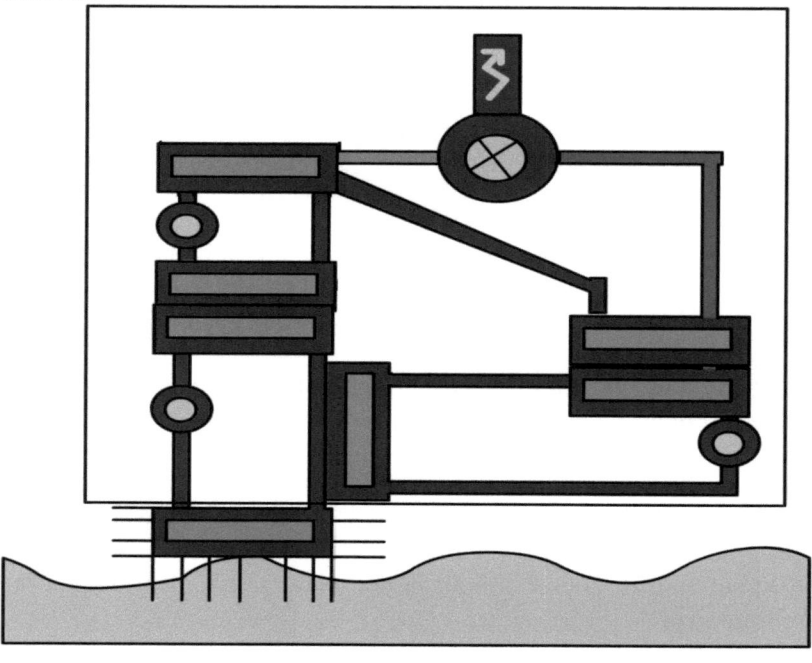

Ob sich ein Wärmekonverter dann auch als wirtschaftlicher erweist als ein Solarkonverter wage ich zu bezweifeln, doch gerade für den Schiffsbau und vor allem den U-Bootbau wäre es hochinteressant, die Wärme des Meeres als Treibstoff zu nutzen.

Die beiden Konverter wären ausreichende technische Lösungen, doch bliebe dieses Buch unvollständig, sollten die natürlichen und einfachen Energieumwandlungsformen nicht erwähnt werden.

Hochdruckdampf zu erzeugen ist nicht nur technisch anspruchsvoll (besonders mit Wärmepumpen), sondern auch teuer und gefährlich. Dies war auch schon am Anfang der industriellen Revolution mit der Einführung der Dampfmaschine so und es kam öfter zu tödlichen Unfällen wegen geplatzter Dampfkessel. Deshalb erfand der schottische Geistliche Robert Stirling im Jahre 1816 den nach ihm benannten „Stirlingmotor" und meldete diesen zum Patent an.

Das Funktionsprinzip bei dieser Wärmekraftmaschine ist beeindruckend einfach. Ein Teil des Motors ist warm, der andere bleibt kalt. Das fest eingeschlossene Gas (Luft oder Helium) in seinem Innern wird mit einem Verdrängerkolben abwechselnd erhitzt und abgekühlt. Dabei dehnt sich das Arbeitsgas zuerst aus, zieht sich danach wieder zusammen, um dann schließlich den Kreisprozess von neuem zu beginnen und treibt so den Arbeitskolben vor und zurück.

Weder verbrennt der Stirlingmotor Sauerstoff, noch entlässt er irgendwelche Abgase. Es spielt auch überhaupt keine Rolle, woher die Wärmeenergie kommt. Ob durch das Verbrennen von Holz, Kohle, Gas, Öl oder Abfällen ist egal. Ebenso kann die Wärme eines Atommüll-Fasses, einer heißen geothermalen Quelle oder der Sonneneinstrahlung genutzt werden. Bei einigen kleinen Ausführungen genügt sogar ein warmer Händedruck, um die Maschine in Gang zu setzen.

Als mir die Genialität dieses Konzeptes klar wurde, fragte ich mich ernsthaft, warum der Stirlingmotor die etwas ältere Dampfmaschine nicht vollständig ersetzen und verdrängen konnte. Eine Stirling-Lokomotive hätte bei gleicher Leistung viel weniger Brennstoff und überhaupt kein Wasser verbraucht!

Dennoch gibt es einen entscheidenden Nachteil dieser vielseitigen Konstruktion: Sie lässt sich nur sehr schwer steuern. Das sanfte Anfahren einer Dampf-Lok war damals nicht nachzumachen. Mit der Einführung des Otto-, Diesel- und Elektromotors geriet Stirlings Erfindung zusehens in Vergessenheit. Nur im militärischen Bereich kam es nach dem 2. Weltkrieg zur Anwendung dieser Technologie. So dienen Stirlingmotoren als Kühlaggregate bei Wärmebildkameras, als geräusch- und verbrauchsarme Stromaggregate oder als luftunabhängige Antriebsform in schwedischen U-Booten der Gotland-Klasse.

Da der Wirkungsgrad von Stirlingmotoren derzeit bei maximal 33% liegt, werden in solaren Paraboloidkraftwerken auch keine höheren Wirkungsgrade erzielt. Der Weg zu mehr Effizienz führt in zwei entgegengesetzte Richtungen. Einmal könnten neu entwickelte hitze- und druckbeständigere Materialien extreme Arbeitstemperaturen zulassen. Theoretisch könnte die Effektivität verdoppelt werden, denn mit gebündeltem Sonnenlicht lassen sich leicht mehrere tausend Grad erzeugen. Konstruktionsbedingt lassen sich Stirling-Maschinen zwar miniaturisieren, aber nicht beliebig groß bauen. Zur Zeit liegt die wirtschaftlich sinnvolle Grenze bei einer Leistung von 500 kW.

Daher könnte die andere Entwicklungsrichtung in Sinne von „soviel wie nötig, so wenig wie möglich" zu brauchbareren Ergebnissen führen. Professor Ivo Kolin von der Universität Zagreb gelang die Entwicklung eines Flachplatten-Stirlingmotors, dem 16 Grad Temperaturunterschied genügen. So etwas ist gerade im Zusammenhang mit gespeicherter Wärme hochinteressant. Selbst wenn der einzelne Flachplatten-Motor einen sehr geringen Wirkungsgrad von sagen wir einmal 10% hätte, könnten doch mehrere hintereinander gebaut werden. Der Abkühlungsbereich des ersten könnte dann der

Aufheizungsbereich des zweiten Motors sein und immer so weiter.
Hier einmal ein hypothetisches Rechenbeispiel:

Energiequelle	100 Watt	
Motor 1		Leistungsabgabe 10 Watt
Abwärme	90 Watt	
Motor 2		Leistungsabgabe 9 Watt
Abwärme	81 Watt	
Motor 3		Leistungsabgabe 8,1 Watt
Abwärme	72,9 Watt	
Motor 4		Leistungsabgabe 7,29 Watt
Abwärme	65,6 Watt	
Motor 5		Leistungsabgabe 6,56 Watt
Abwärme	59 Watt	
Motor 6		Leistungsabgabe 5,9 Watt
Abwärme	53,1 Watt	
Motor 7		Leistungsabgabe 5,3 Watt
Restwärme	47,8 Watt	Gesamtleistung 52,15 Watt

Damit ergäbe sich ein Gesamtwirkungsgrad von 52%!
Einfacher wäre es freilich, drei solcher Stirlingmotoren mit je 33%
Wirkungsgrad hintereinander zu schalten, die brächten zusammen
sogar fast 70% und würden damit alle Wärmekraftmaschinen (auch
die Dampfturbine) an Effizienz weit in den Schatten stellen.

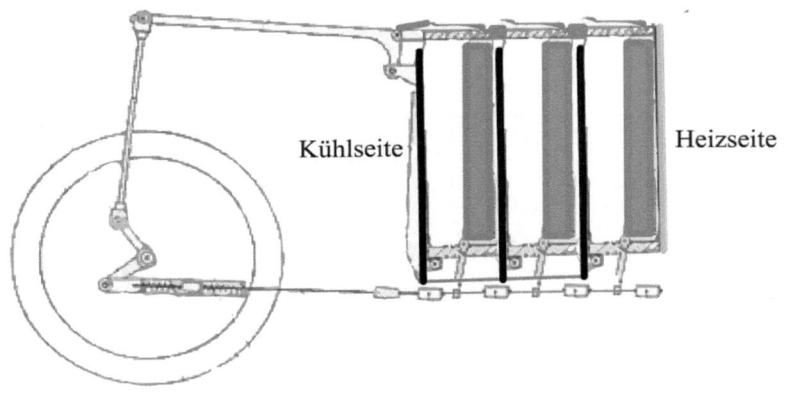

Kühlseite   Heizseite

Da ein Stirlingmotor durch die Umwandlung in Arbeit praktisch für Kühlung sorgt, könnten eine große Zahl von ihnen in Atom- oder Kohlekraftwerken die Kühltürme entlasten und für eine Leistungssteigerung von bis zu 20% sorgen.

Eleganter ist jedoch die direkte Nutzung heißer Thermalquellen oder gleich gespeicherter Sonnenenergie. Bei letzterer ergäbe sich mit der Koppelung eines einfachen Solarkollektors/Wärmespeichers (60% Wirkungsgrad) und eines mehrfachen Stirlingmotors ein Gesamtwirkungsgrad von über 30%. Robust, wartungsarm und kostengünstig wäre das ein idealer Solarkonverter gerade auch für die Entwicklungsländer.

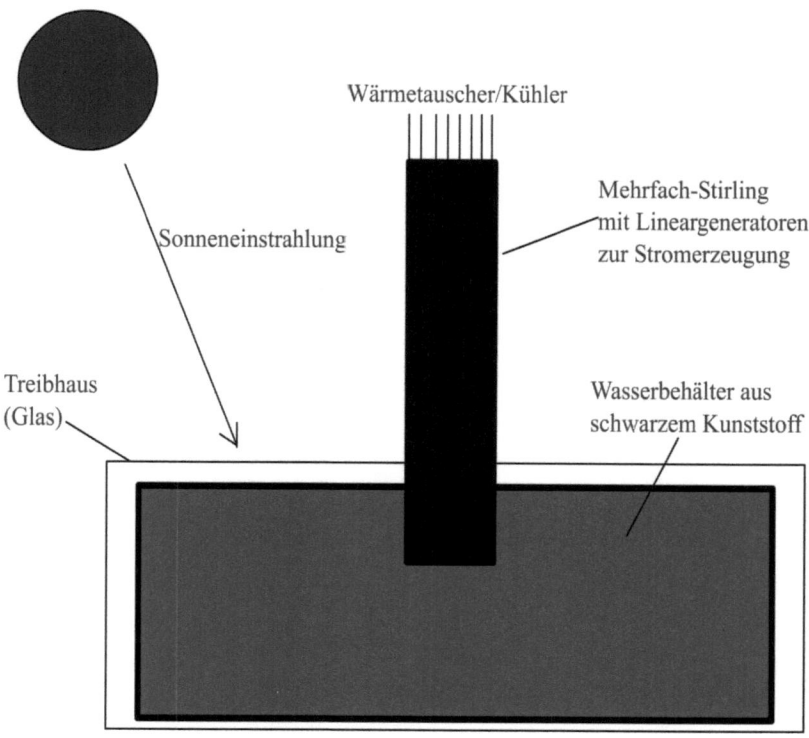

Wärmetauscher/Kühler

Sonneneinstrahlung

Mehrfach-Stirling
mit Lineargeneratoren
zur Stromerzeugung

Treibhaus
(Glas)

Wasserbehälter aus
schwarzem Kunststoff

Verbotene Technologien

Manche Dinge verbieten sich von selbst, anderen muss offensichtlich nachgeholfen werden. Stellen Sie sich einmal vor, Sie wären ein äußerst erfolgreicher Drogendealer. Ihre Kundschaft reicht vom Schulkind bis zum Manager in höchsten Positionen. Staatsanwaltschaft wie auch die Polizei sind wirkungsvoll geschmiert und eingeschüchtert. Ihre Konkurrenten haben Sie schon seit langem ausgeschaltet und die Geschäfte könnten nicht besser laufen. Für jeden Drogentoten kommen zwei neue Konsumenten nach und Ihr Motto lautet:

„Willst du richtig glücklich sein, hau dir meine Drogen rein!"

Alles ist für Sie wunderbar bis plötzlich jemand geschäftsschädigende Thesen verbreitet. Menschen könnten ohne Drogen glücklicher sein. Sie bräuchten nur genügend Bewegung, Schlaf, Obst und Gemüse, sowie eine positive Geisteshaltung.

Jetzt stellt sich auch noch heraus, dass dieser jemand einer ihrer Mitarbeiter in der Forschungsabteilung ist!

Was werden Sie jetzt tun?

Lassen Sie ihn gleich umlegen oder entlassen Sie ihn einfach nur aus Ihren Diensten und sorgen dafür, dass er nie wieder ein Bein auf den Boden kriegt?

OK, im Drogengeschäft wird sicherlich die erste Möglichkeit favorisiert, im Geschäft mit Energie aber nicht immer!

So geschehen im Fall des Physikers und Erfinders der Wechselstrom-Technologie Nikola Tesla, der von seinem Arbeitgeber/Geldgeber entlassen wurde als er an einer Methode arbeitete, aus dem Energiefeld der Erde Strom zu gewinnen.

Der Versuchsaufbau in der Wüste von Nevada wurde zerstört und Herr Tesla bekam nie wieder irgendwo in Amerika eine Anstellung. Das verwundert um so mehr, als doch erst Teslas Erfindungen die Produktion, Weiterleitungen und Anwendung der Elektrizität wirtschaftlich gemacht hatten. Offenbar gingen Teslas neue Technologien zu weit für die Profitinteressen der Energiekonzerne. Zwar gab Nikola Tesla 1931 dem TIME-Magazine ein Interview und beschrieb den hohen industriellen Wert seiner völlig neuen Energiequelle, doch ohne Erfolg. Er wurde als „Spinner" abgetan. Dass er eine große Pierce-Arrow-Limosine mit Strom aus einem kleinen „Raumenergiekonverter" (60x25x15 cm) fuhr, interessierte niemanden mehr. Da Tesla 1943 starb, kann er nicht mehr dazu befragt werden.

Doch auch im Deutschland der 20er Jahre waren Erfinder kreativ. Unter anderen entwickelte der Marine-Kapitän Hans Coler einen so genannten „Magnetstrom-Apparat", der im Gegensatz zu Teslas „ Raumenergiekonverter" keinerlei bewegliche Teile besaß. Colers Gerät verwendete auf sechs permante Stabmagneten gewickelte Spulen, die elektrisch mit Kondensatoren als Schwingkreise gekoppelt waren. 1926 prüften die Professoren M.Klose (TH-Berlin) und W.O. Schuhmann (TU-München) die Apparatur und bestätigten ihm einen Wirkungsgrad von 450 bis 670%!

Der damalige Erklärungsversuch war:
„Es kann einzig der Vermutung Ausdruck verliehen werden, dass das Magnetsystem die Quelle der Energie ist."

Dennoch misslang der Versuch, das Verfahren als Patent anzumelden. Als Ablehnungsgrund wurde genannt, dass es sich bei dem Gerät nur um einen Schwindel handeln könne, ansonsten wäre es ja ein Perpetuum Mobile.

Trotzdem gelang es Coler einen Geldgeber zu finden, nachdem er die Leistung seines Stromerzeugers von 10 auf 70 Watt gesteigert hatte. Infolge einer erfolgreichen Demonstration der Funktionalität erklärte sich der damalige Direktor von Rheinmetall-Borsig Dr. F.Modersohn bereit, die Weiterentwicklung des Gerätes zu finanzieren. Dazu wurde die Coler GmbH gegründet und 1937 ein 6 kW-Stromerzeuger gebaut. Doch erst 1943 führte Modersohn diesen Apparat der Forschungsabteilung des Oberkommandos der Kriegsmarine vor. Nachdem sich dieses fast über ein halbes Jahr von der Funktionsfähigkeit überzeugen konnte, beauftragte es die Continental Metall AG, die Geräteentwicklung schnellstmöglich voranzutreiben. Nach dem Zusammenbruch fiel aber alles dem britischen Geheimdienst in die Hände und im Rahmen der Operation „Paperclip" fand 1946 eine Untersuchung statt, die erneut die Funktion dieses Energieerzeugungsprinzips bestätigte. Der zunächst als streng vertraulich eingestufte Bericht über den Coler-Konverter wurde 1956 zum Teil vom British Intelligence Objectives Sub-Committee veröffentlicht. (B.I.O.S. Final Report No. 1043)

Bemerkenswerterweise interessierte sich nach dem Krieg fast niemand für Colers Erfindung. Erst 1981 stellte George Hathaway auf dem „First International Symposium on Non-Conventional Energy Technology" in Toronto eine 50 mV-Replikation vor.

Sven Mielordt berichtete 1984 in seinem Buch „Kompendium Hypertechnik" von einem Nachbau in Amerika, der sogar 7,2 kW Leistung erzeugt haben soll. Der Fairness halber möchte ich allerdings hinzufügen, dass eine solche Maschine ziemlich schwer abzustimmen und in Gang zu setzten ist, von einer den deutschen Vorschriften entsprechenden Betriebssicherheit ganz zu schweigen!

Dennoch fühle ich mich persönlich Herrn Coler zu großem Dank verpflichtet, weil er uns eine vielfach geprüfte neue Energie-gewinnungstechnik hinterlassen hat, aus der sich grundlegende Erkenntnisse auch für andere Verfahren ableiten lassen.

Coler glaubte, die Ursache für den Magnetismus gefunden zu haben: Ein Schwingungsphänomen mit einer Frequenz von 180 kHz. Auch wenn niemand verstand, auf welcher Grundlage Colers Konverter im Einzelnen funktionierte und es ist auch nicht sicher, dass Coler selbst dies genau wusste, ist es doch sehr wahrscheinlich, dass die Erklärung für die „unerklärliche" Energievermehrung im Schwingungs- oder genauer gesagt Resonanzphänomen liegt.

Dementsprechend konnte 1989 am Plechanow-Institut in Moskau der Plasmaphysiker Professor A.W. Tschernetskii mithilfe von Hochfrequenzplasma-Entladungen aus seinem Versuchsaufbau fünfmal mehr Strom erhalten, als zu seinem Antrieb notwendig war. Tschernetski vertrat daraufhin die Meinung, dass dieses Ergebniss noch bedeutend gesteigert werden könnte.

Mit allen möglichen Eigenresonanzen kann wahrscheinlich mehr Energie erzeugt werden, als aufgewendet wird!

Spätestens jetzt sollte in allen schulwissenschaftlich gebildeten Lesern die Stimme des empörten Protestes laut erschallen:

„Das geht doch gar nicht, denn das widerspricht ja dem Energieerhaltungssatz! Die Summe aller Energien ist immer gleich. Energie kann nicht erschaffen und nicht zerstört werden."

Doch wenn Energie nicht erschaffen werden kann, wo kommt die gesamte Energiemenge und damit unser Universum her?

Aus meiner Sicht könnte Julius Robert Mayers „Energieerhaltungssatz" aus dem Jahre 1842 auch umformuliert werden in:

„Gott ist tot!"

Max Planck war hingegen der Ansicht, dass Gott diejenige Kraft sei, die die Atome zusammen hält. Obwohl sich normalerweise niemand darüber Gedanken macht, ist es unerklärlich, warum Materie stabil ist (und bleibt)! Eine brauchbare Erklärung wäre, dass ständig Energie zur Stabilisation zugeführt wird und verhindert, dass sich die negativ geladenen Elektronen auf die positiven Kernteilchen stürzen.

Darüber hinaus belegen neueste astrophysikalische Messungen, dass sich unser Universum mit steigender Geschwindigkeit ausdehnt! Entweder dadurch, dass aus dem Zentrum eine antigravitative Kraft anschiebt oder die Galaxien und Planetensysteme (mit ihrer Bewegung) eine Antigravitationskraft erzeugen und sich damit selbst beschleunigen!

Nun könnte man argumentieren, dass (der arme) Herr Mayer 1842 unmöglich von den heutigen Messergebnissen wissen konnte, doch auch damals gab es schon die Gravitation. Die Schulwissenschaft erklärt, dass ein Körper deshalb schwer ist, weil es seine Eigenschaft ist schwer zu sein. Selbst ein Hilfsschüler sollte an dieser Stelle ins Grübeln kommen.

Die Gravitation ist ein stetig wirkendes Kraftfeld dem eine ebenso stetig wirkende Kraft zugrunde liegen muss!

Wie könnte eine Kraft ohne irgendeine Energie ausgewirkt werden?

Daraus folgt, das in jedem Augenblick dem Kosmos unvorstellbare Energiemengen zugeführt werden, um ihn am Leben zu erhalten!

Nun kann man entschuldigend anführen, dass Mayer seinen Energieerhaltungssatz auf das Gebiet der Thermodynamik bezogen hat. Daraus ist ihm keinerlei Vorwurf zu machen, aber sehr wohl allen Lehrern oder Professoren, die daraus ein allgemein gültiges Naturgesetz ableiten wollen.

Um die theoretischen Ausführungen kurz und schmerzvoll zu beenden, möchte ich folgende Frage stellen:

Welches Perpetuum Mobile kennt und nutzt jeder?

Antwort: Permanent-Magneten.

Diese Magneten wirken pausenlos, ohne sich abzunutzen oder wenigsten wärmer (oder kälter) zu werden. Schulwissenschaftlich lässt sich dieser Effekt nur mit einem Elektromagneten nachahmen, allerdings unter ständiger Stromzufuhr.

Deshalb sind die so genannten „Thermodynamischen Gesetze" in die umfassende Realität übertragen nicht nur <u>falsch</u> sondern auch blödsinnig. Kein natürliches System ist in sich geschlossen, alles wechselwirkt letztlich mit allem!

Vielleicht deshalb sagte Werner Heisenberg einige Jahre nach dem 2.Weltkrieg zum Thema Magnetismus als Energiequelle:

„Aber wir Wissenschaftsidioten schaffen es nicht, das muss von Außenseitern kommen."

Kurze Zeit danach begann die Weltraumfahrt und damit ein Wettlauf der damaligen Supermächte um die Vorherrschaft im All. Dazu war den Beteiligten jedes Mittel recht, auch Energieformen, die eigentlich mit einem schulwissenschaftlichem Tabu belegt sind. Fragt man einen gewöhnlichen Naturwissenschaftler nach der Möglichkeit Energie aus dem Gravitationsfeld eines Himmelskörpers zu gewinnen, wird dieser lachend abwinken. Dabei lässt sich dies sehr leicht auch mithilfe von einfachem Oberschulwissen berechnen und wurde deshalb in der praktischen Raumfahrt oftmals angewendet!

Fliegt ein Raumschiff auf einen Planeten (oder Mond) zu, wird es von seinem Gravitationsfeld angezogen und beschleunigt immer weiter bis es entweder (ungebremst) aufschlägt oder dicht an dem Himmelskörper vorbei saust, zwar vom ursprünglichen Kurs abgebracht, aber mit deutlich <u>erhöhter</u> Geschwindigkeit! Aus der Gravitationsenergie wurde dem Raumfahrzeug zusätzliche kinetische Energie geschenkt! Die Anziehungskraft ist noch genauso groß wie zuvor, dennoch ist die Bewegungsenergie angestiegen, die Menge aller Energien im Universum hat sich vergrößert und tanzt (bildlich gesprochen) Polka auf dem „Energieerhaltungssatz".

Jeder handwerklich Begabte kann diesen Vorgang mit (mehr oder weniger großen) Magneten nachahmen und so ein effektvolles Spielzeug, einen unglaublich ausdauernden Motor oder einen besonders kostengünstigen Stromgenerator bauen. Ob es unter den gegebenen Macht- und Korruptionsverhältnissen auf der Erde ratsam ist damit an die Öffentlichkeit zu treten, steht auf einem ganz anderen Blatt!

Andere Baupläne der Natur sind etwas schwieriger umzusetzen. So neigen Teilchen dazu, sich in Spiralwirbeln zu bewegen. Als erster erkannte dies Viktor Schauberger. Ein Wirbelsturm bezieht seine Kraft aus der Wärmeernergie seiner Umgebung. Als natürliche Unterdruckmaschine <u>kühlt</u> er und erschafft kinetische Energie daraus. Auch bei der technischen Nachahmung z.B. in spiralförmigen Unterdruckturbinen treten gewaltige Urkräfte auf, die die Versuchsaufbauten in der Regel zerstörten oder wenigstens aus ihren Verankerungen rissen und selbst durch Fabrikdächer schossen.

Als es Schauberger schließlich gelang, 1955 einen Generator für den Hausgebrauch zu entwickeln, der aus der Wärme von Leitungswasser Strom produzierte, wurde er unter einem Vorwand 1957 in die USA gelockt. Dort setzte man ihn zusammen mit seinem Sohn fest und ließ ihn erst wieder frei, nachdem er praktisch all seine Erfindungen an eine US-amerikanische Firmengruppe überschrieben hatte und als militärischer Geheimnisträger verpflichtet wurde. Quasi enteignet und innerlich zutiefst gebrochen starb Viktor Schauberger 1958 wenige Tage nach seiner Rückkehr in Europa.

Nicht alle geistigen Vorreiter wurden wie Tesla am Leben gelassen.

1933 stellte ein Ingenieur aus Nürnberg namens Greichen in Berlin einen möglichen neuen „Volkswagen" vor. Da dieser ohne Treibstoff fuhr, wurde er gleich zusammen mit seinem Fahrzeug beseitigt.

Der an den Rollstuhl gefesselte Lester Hendershot stellte 1958 einen Radiumchlorid-Magnetresonanz-Generator mit 200 Watt Leistung fertig. Hendershot wollte das Gerät verbreiten und wurde daraufhin 1961 umgebracht.

Stanley Meyer sicherte sich 1990 unter dem US-Patent Nr.4.936.961 ein Verfahren zur Hochspannungs-Elektrolyse. Damit kann (mit ein wenig Strom) ein Auto nur mit Wasser gefahren werden. Nachdem Meyer erste Vertiebsverträge unterzeichnet hatte, wurde er 1999 bei einem Restaurant-Besuch tödlich vergiftet.

Andere Erfindungen gerieten jedoch einfach in Vergessenheit wie die elektromagnetische Batterie von 1871 (US-Patent Nr. 119.825). Sie bestand aus Resonazabstimmung von Spulen, die um einen elektrischen Leiter gewickelt waren und induktiv „gestartet" wurden.

Immer wieder wurden funktionsfähige Magnetmotoren entwickelt und in den USA auch erfolgreich zum Patent angemeldet. So bekam z.B. 1979 Howard Johnson seinen Permanentmagnet-Motor als US-Patent Nr. 4.151.431 zugelassen. Dem Magazin „Science & Mechanics" war das 1980 eine Titelstory wert. Das Titelbild zeigte eine Schnitt-Darstellung von Johnsons 5 kW-Heim-Generator. Die Kosten pro kWh würden (heute) nur ungefähr einen Eurocent betragen!

Wo kann man solche Geräte nun kaufen?

Natürlich nirgends! Sonst könnte jeder herkömmliche Kraftwerks-betreiber seinen „Saftladen" ziemlich schnell zu machen.

Aber nicht nur Unternehmen und Konzerne, sondern gerade Regierungen (aller Art) haben verschiedene Motivationen den Menschen einen freien Zugang zu den kosmischen Energien vor zu enthalten. Ganz besonders die USA sind von einem technologischen Überlegenheitswahn befallen, selber über alle nur erdenklichen Technologien (einschließlich des Antigravitationsantriebes) zu verfügen, diese aber nach innen und außen zu verheimlichen und andererseits den einfachen Erfinder „von der Straße" zu beseitigen, falls er technologisch zu vorlaut wird.

Bei dem Gegenspieler der USA (Russland) ist heutzutage das Geschäft mit Öl und Gas viel zu einträglich, als dass man es sich mit freier Billig-Energie selber versauen würde. Früher lag war der Fall in den „Bruderstaaten" des Warschauer Paktes etwas komplizierter, denn deren Bürger lebten praktisch in einem riesigen Gefängnis. Selbst ein Motorboot mit Magnetantrieb wäre eine unzulässige Fluchthilfe gewesen, denn jetzt kommt der große Haken der befreiten Energien, ein solches Verkehrsmittel hätte eine unbegrenzte Reichweite! Das mag ja bei einem unfreien Menschen auf der Flucht noch akzeptabel erscheinen, hätte jedoch erschreckende militärische Konsequenzen.

Nehmen wir doch einmal ein paar böse „was wäre wenn"-Fragen:

Stellen Sie sich vor, 1933 wäre der Ingenieur Greichen samt Prototyp nicht in Berlin beseitigt worden, sondern die neuen Machthaber hätten das ungeheure Potential eines treibstofflosen Antriebes erkannt und in den verbleibenden sechs Jahre bis zum Kriegsanfang weiterentwickelt?

Schiffe, U-Boote, Lastkraftwagen, Panzer und Flugzeuge die niemals nachtanken müssen, hätten andere Länder förmlich überrollt. Wo doch die reale schlecht ausgerüstete Wehrmacht schon schwer nieder zu ringen war, wer hätte denn eine solche technologische Übermacht aufhalten sollen?

Die Menschheit (oder was von ihr übrig geblieben wäre) würde heute unter dem Hakenkreuz leben!

Darüber hinaus mag ich mir die Wirkung von Hochenergie-Waffen nach den Entwürfen von Nikola Tesla erst gar nicht vorstellen. Kernwaffen müssen noch lange nicht das Ende der zerstörungs-technischen „Fahnenstange" sein.

Vielleicht deshalb soll Viktor Schauberger einmal gesagt haben, dass die Menschheit für solche Technologien noch nicht reif wäre.

Wenn sich auch die Menschen kaum (zu ihrem Vorteil) verändern, so ändern sich doch die Zeiten und Umstände.

Vor allem, weil die globale Vormachtstellung der USA schon bald enden könnte. Mit der nächsten global vorherrschenden Nation werden auch die Spielregeln der Weltpolitik und vor allem der Weltwirtschaft erneuert.

Nun soll dies kein Buch über den wirtschaftlichen und politischen Aufstieg Chinas sein, doch gerade energiepolitisch ist er unbedingt zu berücksichtigen. Die westliche Welt hat keinen wirklichen Plan für die menschliche Zukunft. China schon!

Zur Weltausstellung 2010 in Schanghai besteht der chinesische Beitrag aus einer Stadt der Zukunft. Eine vorgelagerte Insel wird so gestaltet, dass Menschen dort frei von zerstörerischen Technologien angenehm leben und arbeiten können. Später sollen dann einmal hunderte dieser Städte erbaut werden.

Wenn man die lange Geschichte Chinas betrachtet, war es nie auf Eroberungen aus, sich selbst stets genug und auf innere Harmonie und Beständigkeit bedacht. Diese alten Traditionen und die ursprünglichen (von Laotse überlieferten) höchsten Wertvorstellungen „Menschlichkeit und Gerechtigkeit" lassen mich erwartungsvoll in die Zukunft blicken.

Zwar könnten die Chinesen genauso leicht wie Markenprodukte und Computerprogramme bestehende Patente über freie Energiegewinnung kopieren, doch traue ich ihnen durchaus zu, einen nahe liegenden technologischen Schritt nach vorn zu machen.

Stanislav Lem schrieb einmal, dass man eine hochentwickelte Zivilisation daran erkennt, dass sie die Naturgesetze direkt nutzt. Dazu passend äußerte Nikola Tesla Jahrzehnte zuvor (um 1900):

„Ehe viele Generationen vergehen, wird unsere Maschinerie durch Energie angetrieben werden, die an jedem Punkt im Universum erhältlich ist – es ist nur eine Frage der Zeit, wann der Mensch seine Maschinerie erfolgreich an das Räderwerk der Natur selbst angeschlossen haben wird"

1881-1889 versuchten die amerikanischen Physiker Albert A. Michelson und E.W. Morley erfolglos, einen "Ätherdrift" der Erde experimentell nachzuweisen. Anstatt das theoretische stationäre Raum-Äther-Modell oder die Wirksamkeit der verwendeten Messmethoden anzuzweifeln, galt nach allgemeiner Auffassung die alte und noch von Newton und Maxwell vertretene Äthertheorie als wiederlegt. Auf diesen scheinbaren Resultaten aufbauend formulierte dann Albert Einstein 1905 seine „Spezielle Relativitätstheorie" und definierte ausschließlich den Raum selbst als Träger der elektromagnetischen Wellen und Felder. Aufgrund dieser Fehleinschätzung gelang es Einstein auch bis zu seinem Tod nicht mehr, den Elektromagetismus in sein Gedankenmodell zurück zu holen. Der als Bürgerrechtler sehr bekannte russische Physiker Andrei Sacharow mutmaßte 1968 hingegen, dass umgekehrt die elektromagnetische Wirkung der Materie im Vakuum erst die Gravitation entstehen lässt.

Die zugrunde liegende Vakuumenergie sagte schon 1916 der bedeutende Naturwissenschaftler Walther Nernst voraus und auch Albert Einstein machte eine inhaltliche Rolle rückwärts, als er am 5.Mai 1920 an der Reichsuniversität zu Leiden eine Rede zum Thema „Äther und Relativitätstheorie" hielt:

"... den Äther zu leugnen, hieße in letzter Konsequenz anzunehmen, der leere Raum würde keinerlei physikalische Eigenschaften besitzen ..."

Werner Heisenberg belegte 1925 die Existenz der „Quantenfluktuation des Vakuums" mit seiner quantenmechanischen Unschärferelation. Dieses Energiemeer des leeren Raumes fand 1927 Eingang in Paul Diracs Theorie der "Quanten-Elektrodynamik" und wurde 1948 erstmals experimentell von den Physikern Hendrik Casimir und Willis Lamb bewiesen (Casimir- und Lamb-Effekt).

Wie sich Wissenschaftler der NASA eine einfache Umsetzung dieser Tatsache zur Gewinnung von Strom denken, soll abschließend auf der nächsten Seite gezeigt werden ...

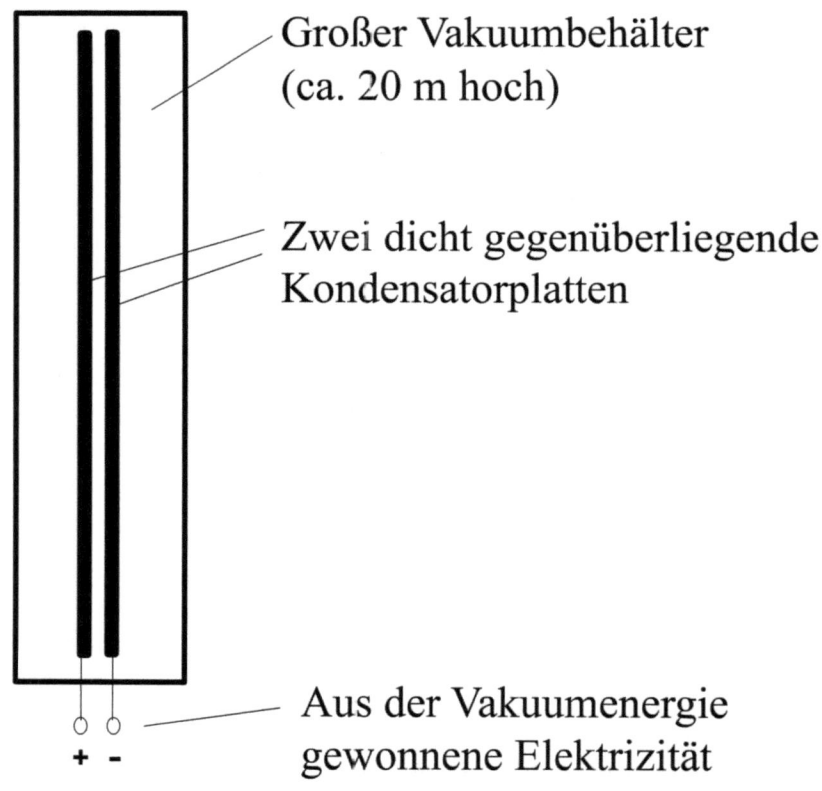

Großer Vakuumbehälter
(ca. 20 m hoch)

Zwei dicht gegenüberliegende
Kondensatorplatten

Aus der Vakuumenergie
gewonnene Elektrizität

„Der hohe Mensch handelt nicht
und doch bleibt nichts ungetan."

(Laotse)

„Überfluss wird aus Überfluss geschöpft,
dennoch bleibt Überfluss"

(Upanisaden)

Verbotene Geschäfte

Man kann etwas einfach oder auch kompliziert machen.

So behandelte zur Zeit Sigmund Freuds ein russischer Arzt erfolgreich die psychischen Störungen seiner Patienten mit einer einfachen Visualisierungsmethode. Nach einigen fest vorgegebenen Übungen stellten sie sich bildlich vor, wie Ihre Probleme und Ängste verschwinden. Etwas dermaßen unspektakuläres faszinierte weder die Zeitgenossen, noch machte es den Namen seines Urhebers bekannt.

Ganz anders dagegen bei Sigmund Freud. Seine „Psychoanalyse" war hoch komplex und ihre Durchführung scheinbar endlos. Echte Heilerfolge sind nicht überliefert, dafür verlor aber Freuds Assistent nach jahrelanger Zusammenarbeit den Verstand und einige der Patientinnen nahmen sich das Leben. Wirksamkeit konnte also nicht die Ursache des psychotherapeutischen Siegeszuges sein. Wohl aber die Behauptung, dass die Verdrängung der Sexualität die Wurzel allen psychologischen Übels wäre. Das ist beinahe so unterhaltsam wie Bram Stokers „Dracula".

Ähnlich verhält es sich bei der Umsetzung der sogenannten „freien Energie". Man kann versuchen Strom dadurch zu erzeugen, indem ausgehend von der Raumquanten-Theorie ein Konverter mit beschleunigtem Abbau radioaktiver Strahlung und elektro-magnetischer Kernresonanz-Kopplung entworfen wird oder einfach nur Magnete mit entsprechender Abschirmung kombiniert. Das erste Konzept versprüht einen Hauch von „Star Trek", das zweite hört sich eher nach Hobbykeller an.

Anfang der 90iger wurde für den ersten Fall in der Schweiz ein Raumquanten-Forschungsinstitut, eine Produktionsfirma Namens „Resonance Power Inc." und ein passender Finanzierungsfond „EAVCF Euro-American Venture Capital Federation Inc." gegründet. Ihr eifriger „Präsident" Hans Lehner sammelte bis 2006 reichliche

Millionen Euro an Investorengeldern ein und erklärte immer wieder, dass man kurz vor der Markteinführung der Dauerstrom-Aggregate stehe. 90% der technischen Probleme seien gelöst und für die restlichen 10% bräuchte man nur noch eine weitere (millionenschwere) Kapitalerhöhung. Denn Rest können Sie sich sicherlich denken.

Auf der Internetseite fand ich die erstaunliche Rubrik „Wir suchen":

„ZU VERKAUFEN – FOR SALE

Neuhaus, 13.05.2007

Wir verkaufen unser Forschungsinstitut mit allen technischen Einrichtungen und Forschungsergebnissen seit 1993 bis 2007."

Noch aufschlussreicher war der Schluss:

„Helfen Sie mit und unterstützen Sie unsere Forschungsarbeiten mit einem

RQF-Sponsoring oder durch den Kauf von **EAVCF Inc. Aktien,**
unserer
Finanzierungs- und Beteiligungs-Gesellschaft.

Schreiben Sie uns per Email an: postmaster@rqm.ch
wenn Sie noch weitere Fragen haben.
Oder telefonieren Sie uns: +41 55 282 56 51
Kontaktperson: Hans Lehner, Präsident IRQF / ISQR"

Der Besucherzähler dokumentierte nach beinahe fünf Monaten nicht gerade ein reges Kaufinteresse und stand bei: „000004"

Doch statt zu fragen, wer denn die anderen drei waren, ist doch viel beeindruckender, wie makaber der „Raumquanten-Präsident" den Titel dieses Buches umgesetzt hat:

„Reich werden mit Energiekonzepten ..."

Im zweiten Fall geht es nicht um hochtrabende Raumquanten-Konzepte, sondern um einen ausdauernden südafrikanischen Erfinder Namens Michael James Brady. Er baute (angeblich) bereits 1969 seinen ersten rein magnetischen Motor. Dieser hatte zwar noch einen Rotor aus Holz, schwache Magnete und lieferte eine relativ geringe Leistung, doch bewies sich Brady damit selbst, dass man mit diesem Prinzip mechanische Energie erzeugen und danach selbstverständlich in Strom umwandeln kann.

Den Einschätzungen mancher Zukunftsforscher folgend, sieht der Erfinder die neue alternative Energie als die revolutionierende Wachstumsbranche des 21.Jahrhunderts an. So perfektionierte Brady sein Magnetantriebssystem über die Jahre hinweg. Bei seiner „Magnetmaschine" sind um 45 Grad abgeschrägte Rundmagnete eingesetzt. Sie befinden sich jeweils hintereinander angeordnet auf drei versetzten Rotor-Ringen, die zusammen mit einem von Brady selbst entwickelten magnetischen Abschirmungsmaterial verhindern sollen, dass die einzelnen Magnetelemente an irgend einer Stelle des statischen Magnetfeldes hängen bleiben. Dadurch könne ein kontinuierlicher Rundlauf des Motors erreicht werden, so Brady.

Die internationale Perendev Power Group gründete er ursprünglich in Süd-Afrika und hat heute ihren Sitz mit der Perendev Holding AG in der Schweiz. Tochtergesellschaften befinden sich in Österreich und Deutschland (Perendev Energy Power GmbH).

Der Firmenname „Perendev" ist eine Zusammenfügung der Anfangssilben von „**Per**manent **En**ergy **Dev**ice".

Am 07.06.2007 sollte nun die Weltöffentlichkeit wie mit einem Paukenschlag über die neue Technologie informiert werden. Es lagen in etwa 150 Anmeldungen für die Groß-Präsentation im münchener „Arabelle-Sheraton" vor. Die jeweils 100 Euro Vorkasse waren schon bezahlt, dennoch wurde die Veranstaltung kurzfristig (wegen einer Morddrohung per email gegen Brady) abgesagt. Später wurde diese Aussage von merkwürdigen und ungebetenen Besuchern persönlich wiederholt. Diese und andere Begebenheiten haben dazu geführt, dass die Firma Perendev davon absah, zu viel Aufhebens um ihre Geschäftsaktivitäten zu machen. Stattdessen wurde direkt mit der Vergabe von Lizenzen und dem Aufbau von Produktionsstandorten begonnen. So läuft die Produktion bereits in Deutschland, beginnt gerade in Spanien und startet demnächst auch in Italien, Österreich, Polen, Russland, Ungarn, der Slowakei und weiteren Ländern danach. Laut Mike Bradys Aussagen liegen weit mehr als 65.000 weltweite Bestellungen vor. Das Auftragsvolumen beträgt damit mindestens 1,5 Milliarden Euro (wenn die Angaben stimmen).

Auf der Internetseite „www.perendev-power.com" werden verschiedene Produkte vorgestellt:

Darunter zwei EMM-Anlagen (Electro-Magnetic Motor). Eine mit integriertem Synchrongenerator und 90 kW Nennleistung für 22.610 € (incl. MwSt.). Die größere Ausführung leistet 290 kW für 45.220 €. (Bei den nachfolgenden Berechnungen verwende ich aber 25.000 und 50.000 €, da mir die genauen zusätzlichen Bereitstellungs-/Transportkosten durch Perendev nicht näher bekannt sind!)

Die genannten Preise beziehen sich aber nicht auf den Erwerb der Anlagen, sondern auf einen fünfjährigen Leasingvertrag. Dabei müssen 50% des Betrages bei Vertragsabschluss und die anderen 50% bei der Lieferung (nach geplanten 3 Monaten) bezahlt werden. Diese Stromversorgungsanlagen sind komplett mit einem Generator und notwendiger Regelungstechnik ausgestattet und über GPS-Ortung und GMS-Verbindung ständig mit der Betriebszentrale verbunden.

Zur Zeit sollen bereits weltweit über 60 Anlagen bei Kunden installiert sein und bisher problemlos laufen. Demnächst werden auch 600 kW-, 1 MW-, 2 MW- und sogar 4MW-Anlagen gebaut.

Ganz neu im Angebot ist ein „Auto Pack". Die Einheit kombiniert einen Magnetmotor mit einem Generator und liefert bei nur 89 kg Eigengewicht Strom für einen 100 kW-Elektromotor!

Das hört sich ein Automobil heutiger Tage nach nicht allzu viel an. Doch da Elektromotoren im Vergleich zu Verbrennungsmotoren ein viel höheres Drehmoment besitzen, würde dieser „Auto Pack" einen kleinen Wagen aus Kunststoff in sage und schreibe nur 3,6 Sekunden von 0 auf 100 km/h katapultieren! Auf der Autobahn läge die Spitzengeschwindigkeit bei 200 km/h. Mit einem solchen Mobil könnte auch jeder Benzin schluckende Supersportwagen überholt werden, spätestens an der nächsten Tankstelle!

Was bringt das Ganze nun für Sie?

Abgesehen von jeder Menge Spaß bringt es Teslas alte Idee wieder ins Spiel: Zuhause angekommen parken Sie Ihr Magnet-Elektro-Mobil und verbinden es mit dem Stromnetz. So viel können Sie wohl kaum alleine verbrauchen, also speisen Sie die überschüssige Leistung zurück ins allgemeine Stromnetz und schon verdient Ihr schickes Auto auch noch Geld für Sie! Nicht schlecht oder?

Da für den „Auto Pack" noch kein Preis genannt wird, kann ich hier unmöglich eine halbwegs genaue Rechnung aufmachen. Für die EMM-Anlagen sieht das anders aus. Die kleine 90 kW-Version bringt es innerhalb von fünf Jahren auf Kosten von ungefähr 25.000 Euro. Angenommen Sie haben diesen Betrag gerade nicht flüssig, so wird eine Finanzierung selbst bei schlechter Risikoeinschätzung durch die geldgebende Bank kaum mehr als 750 € pro Monat betragen. (Dies entspräche den üblichen 3% monatlicher Rückzahlung bei Kreditkartengesellschaften). Diesen Kosten stünde nun einiges auf der monatlichen Habenseite entgegen:

30 Tage a 24h mit 90 kW ergeben monatliche 64.800 kWh!

Wie viel Geld das für Sie ist, hängt dann in erster Linie vom Rückvergütungsvertrag mit Ihrem ansässigen Stromversorger ab. Laut Mike Brady bekommen einige seiner Kunden 19 Cents pro kWh andere werden dagegen mit minimalen 4 Cents abgespeist. Beißen wir kalkulatorisch nun einmal in den sauren Apfel der 4 Cents, verwandeln sich 64.800 kWh in 2592 Euro. Abzüglich der

750 Euro für die Finanzierung verbleiben immer noch 1842 €. Nehmen wir an, Sie verfügen über keinerlei Räumlichkeiten für die Unterbringung des EMM. Da die Magnettechnologie unter normaler Last keine Abwärme über 40 Grad erzeugen soll, reicht das Anmieten eines einfachen Lager- oder Kellerraumes. 342 € pro Monat sollten dafür genügen. Verbleiben Ihnen letztlich 1500 € monatlich. Da es für mit Magnetkraft betriebene Stromaggregate noch keine behördlich vorgeschriebenen Einspeisungsvergütungen gibt, könnten Sie natürlich auch versuchen, den Spieß umzudrehen.

Wenn Sie schon extra einen Raum für die Aufstellung eines EMM anmieten müssen, warum tun Sie das nicht gleich dort, wo Sie dafür auch ordentlich bezahlt werden?

Unser Rechenbeispiel mit 19 Cents/kWh ergibt abzüglich der gesamten Kosten einen Monatsertrag von erfreulichen 11.220 €! Damit könnten Sie bequem nach 3 Monaten einen zweiten EMM kaufen.

Nach 6 Monaten hätten Sie vier EMM.

Nach 9 Monaten hätten Sie acht EMM.

Nach 12 Monaten hätten Sie 16 EMM.

Nach 15 Monaten hätten Sie 32 EMM.

Nach 18 Monaten hätten Sie 64 EMM.

Nach 21 Monaten hätten Sie 128 EMM.

Nach 24 Monaten hätten Sie 256 EMM.

Nach 27 Monaten hätten Sie 512 EMM.

Nach 30 Monaten hätten Sie 1024 EMM.

Nach 33 Monaten hätten Sie 2048 EMM.

Nach 36 Monaten hätten Sie 4096 EMM.

Alle guten Dinge sind 3 und genauso viele Jahre wären vorbei!

Und nun?

Täglich könnten Sie über mehr als 1,6 Millionen Euro verfügen. OK, spätestens jetzt würde das Finanzamt seine Ansprüche anmelden. Trotzdem blieben Ihnen bescheidene 25 Millionen Euro Netto im Monat. Sie könnten innerhalb von fünf Jahren locker 1 Milliarde Euro nebenbei sparen ohne Not zu leiden, Sie wären wirklich reich!

Ist das alles nur ein unerfüllbarer Wunschtraum?

Würden die Elektrizitätsgesellschaften so etwas lange mitmachen?

Ist das nicht egal, denn Sie brauchen nur mindestens 24 Kunden und können dann in Deutschland selber zu einer Elektrizitätsgesellschaft werden!

Glauben Sie nicht, dass es auch genügend Menschen gibt, die gerne für ökologisch unbedenklichen Strom mehr als 20 Cent für die kWh zahlen würden?

Letztlich wäre etwas immer auf Ihrer Seite: Umschlagbar günstige Gestehungskosten von rund einem Eurocent pro kWh!

Nun ist es aber eine Tatsache, dass die Bäume nicht in den Himmel wachsen. Abgesehen davon, dass politisch von einem Tag auf den anderen an der „Einspeisungsvergütungsschraube" nach unten gedreht werden kann (wie zuletzt beim Solarstrom), könnte auch das „Imperium" zurück schlagen und selbst EMM-Anlagen verwenden. Die Strompreise könnten auf unter 2 Cents pro kWh fallen!

Doch wäre dies der einzige mögliche Haken der Perendev-Technik?

Bevor Sie nun ungeduldig bei der Firma Perendev einen Leasingvertrag abschliessen und rund 10.000 € Anzahlung leisten, sollten Sie sich nicht vielleicht besser vergewissern, ob Bradys Aussagen der Wahrheit entsprechen?

Einen Baum erkennt man bekanntlich an seinen Früchten und wie sehen diese aus?

In Foren wie z.B. dem von „www.freieenergie.info" wurden dazu recht kontroverse Meinungen vertreten. Neben wenigen Befürwortern wurde hauptsächlich Kritik geäußert. Auf dem Kongress über "revolutionäre Energietechnologien" in der Schweiz vom 19. bis 21. Oktober 2007 soll Brady erst gar nicht erschienen sein, bisher sei noch keine einzige Maschine an Kunden geliefert worden und die Staatsanwaltschaften in München und Zürich würden schon ermitteln.

Wird Mike Brady also doch nicht offiziell zum „Freien-Energie-Papst" gekrönt oder läuft er bald an Bord seiner (angeblich sehr teuren) Yacht den sicheren Hafen eines Landes ohne Auslieferungsvertrag an?

Ich telefonierte Ende September 2007 mit dem großen Erfinder. Ich bat ihn, da ich an einem Buch über Energietechnologien schreiben würde darum, ihn Mitte Oktober besuchen zu dürfen, um mich persönlich von der Funktionsfähigkeit seiner Magnetantriebe zu überzeugen. Er war am Telefon zunächst freundlich, sagte dann aber ziemlich schnell „...da kann ja jeder kommen..." und trug mir auf, ihm eine E-Mail mit meinem Anliegen zuzuschicken. Dies tat ich dann auch, bekam jedoch bis zum heutigen Tage keine Antwort.

Ein Schelm, wer Böses dabei denkt....

Auch wenn es ratsam ist, keine (möglicherweise tote) Katze im Sack zu kaufen, zeigen meine Berechnungen doch auf, dass die Anwendung (funktionierender) Magnetantriebe sehr reich machen könnte.

Konsequenzen

Um Investitionen in den Energiemarkt richtig einschätzen zu können, muss unbedingt der politische Rahmen berücksichtigt werden. Aktuell wird der Strompreis in Deutschland vom „Duopol" (dem geteilten Monopol) der Firmen RWE und E.ON angeblich „diktiert", denn an der Strombörse werden vermutete Preismanipulationen zu Ungunsten der Stromkunden vorgenommen. Sowohl bei RWE wie bei E.ON sprudeln die (unlauteren?) Gewinne. Dennoch haben die beiden damit vielleicht etwas übertrieben, da nun seit 2006 staatliche Stellen mit den Ermittlungen begonnen haben.

Eine besondere Brisanz bekommt das Ganze dadurch, dass die anderen europäischen Regierungen seit längerem darauf drängen, die Stromkonzerne (zumindest teilweise) zu verstaatlichen!

Die Grundversorgung der Bevölkerung (und der Industrie) mit Strom ist ein elementares Sicherheits- und Stabilitätsinteresse (nicht nur) des deutschen Staates. Daher wird eine feste Strompreisbindung in Europa immer wahrscheinlicher. Eine Beschneidung der Gewinninteressen der Konzerne, wird nicht gerade deren Investitionsfreudigkeit steigern, zumal in den vergangenen „fetten" Jahren sehr wenig in die Zukunft investiert wurde.

Sollte es wirklich zu einer Verstaatlichung des Energiesektors kommen, ist nicht einzusehen, warum es dadurch besser werden könnte. Überall dort wo (gerade der deutsche) Staat verantwortlich ist, wird der Misswirtschaft Tür und Tor geöffnet. Beste Beispiel sind die milliardenschweren Subventionierungen der deutschen Kohleförderung und der gesetzlichen Rentenversicherung aus Steuermitteln. Anstatt notwendige sinnvolle (vielleicht auch schmerzliche) Veränderungen vorzunehmen, wird lieber den ansonsten schon genug gebeutelten Steuerzahlern noch tiefer in die Taschen gegriffen. Ob der Wahnsinn (eine verschwörungs-theoretische) Methode hat oder Unfähigkeit den politischen Normalfall darstellt, bleibt dabei im Ergebnis gleich!

So spricht vieles dafür, dass einfach weitergemacht wird mit dem bewährten „business as usual". Leider auch weiterhin auf Kosten der Allgemeinheit. Dazu gehört natürlich auch der Betrieb von Atomkraftwerken. So verleitet die Kombination von Uranverknappung auf der einen Seite mit prallen Staatssäckeln auf der anderen geradezu zur Preistreiberei.

Nun fiel der Uranpreis von seinem Höchststand im diesem Jahr relativ um bis zu 40%. So etwas erfreut sicherlich keine Uran-Minen-Gesellschaft. Auch nicht die von mehreren Börsenbriefen empfohlene Aktiengesellschaft URANIUM ONE (WKN A0MU9G). Vielleicht nach dem Vorbild der Strompreistreiber RWE und EON gab URANIUM ONE eine Gewinnwarnung heraus. Da in einigen Fördergebieten Schwefelsäure zur Weiterverarbeitung des Uranoxids fehle, müsse die Fördermenge der AG weltweit einen Rückgang von beinahe 40% hinnehmen. In tröstlichen Worten versichert das Management, nach Mitte 2008 wäre das Problem zu beheben (in immerhin über acht Monaten).

Angenommen, der Uranpreis wäre heute um 300% höher, ginge es dann auch bis zur nächsten Woche?

Wie dem auch sei, der Produktionsrückgang bei URANIUM ONE könnte den globalen Uranpreis wie von Zauberhand beflügeln. Betriebswirtschaftlich passen steigende Preise auch besser zu den geplanten jährlichen Fördermengen in Millionen Britisch Pounds:

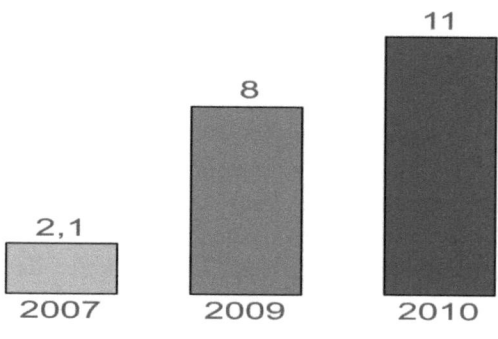

Wenn Sie nun die fünffache Fördermenge ab 2010 mit einem möglichen zehnfachen Uranpreis bis 2014 in Relation setzen, wissen Sie, welches eine Kalkulationsgrundlage für die Covergrafik war!

Sollten Sie eine Investition in Aktien der Minengesellschaft URANIUM ONE in Erwägung ziehen, ist ein Totalverlust Ihres Geldes sehr unwahrscheinlich. Dennoch ist der beschriebene Gewinn nicht sicher, sondern nur möglich!

Ähnlich liegt der Fall bei Uran-Zertifikaten, da sie an den Uranpreis gekoppelt sind. Leider gibt bei diesen „Kurs-Wetten" keine Produktionssteigerungen und auch keinen realen Gegenwert. Sie sind reine Versprechungen der Emittenten (die meist Banken sind).

Angesichts der derzeitigen (und wahrscheinlicher zukünftiger) Bankenkrisen, ist ein Totalverlust der investierten Gelder nicht ausgeschlossen.

Da ich jegliche persönliche Haftung für (aus meiner Sicht etwas so unmoralisches wie) ein Geschäft mit Uran ausschließe, verweise ich auf einen Bericht von www.ntv.de vom 13.November 2006. Unter dem Titel „Uran Zertifikate – Strahlende Gewinne?" wurden unter Hinweis auf die Volatilität des Marktes folgende Zertifikate benannt:

UBS Uranium Basket GH (WKN: UB1URA)

Merrill Lynch S.A. Uran Z.24.11.2105 Basket (WKN: ML0BDN)

Lehman Brothers Uranium Garant (WKN: A0GZGW)

Wem der Sinn mehr nach etwas wirklich Dauerhaftem steht, der muss auf die wirkungsvolle und wirtschaftliche Umsetzung der Photovoltaik warten. Ob nun die Shell Solar GmbH oder eine andere Firma mit der organischen Solarzelle auf den Markt kommt kann ich nicht sagen, aber in jedem Fall sollten Sie dabei sein. Wer zuerst kommt, mahlt zuerst. Nachwachsendes Ausgangsmaterial, günstige Produktionskosten, brauchbare Leistung und transparentes Design werden die Tür zum Solarzeitalter aufstoßen. Wie zuvor beschrieben, ist das Potential der Sonnenenergie nach menschlichem Ermessen unendlich. Keine andere konventionelle Energieform kann ihr das Wasser reichen. Investieren Sie in die ersten Firmen, die diese organische Technologie wirklich auf den Markt bringen und Sie werden auf der sicheren Seite sein. Die Silizium-Technologie dagegen ist eine kostenmäßige Totgeburt und kann dann nur noch in bestimmten Nischen überleben.

Dennoch ist die organische Photovoltaik (wenn auch nur eine Hand breit von der Realisierung entfernt) Zukunftsmusik. Es kann noch Wochen, Monate oder Jahre bis zur kommerziellen Umsetzung dauern.

Die Ausnutzung der Wasserkraft/Windkraft ist begrenzt und die Benutzung der Umgebungswärme zur Stromerzeugung so weit von den offiziellen Planungen entfernt, dass man sie getrost als (mein persönliches) Wunschdenken abtun kann.

Doch alle „guten" Dinge sind drei: Uran, organische Photovoltaik und was ist das Dritte?

An dieser Stelle möchte ich auf Sun Tzi und seine „Kunst des Krieges" verweisen. Seine (in der damaligen Praxis) bewährte Strategie bestand darin, sich selbst zuerst unbesiegbar/unangreifbar zu machen und dann auf eine Schwäche des Gegners zu warten.

Wenn ich auch hoffe, zu Ihrer Unterhaltung und Information erfolgreich erfolglose Umsetzungen der Raumquanten-Theorie und der Magnet-Technologie dargelegt zu haben, möchte ich dennoch darauf hinweisen, dass seit Jahren Erfindungen existieren, die das Versprochene auch halten. Wenn es auch im wirtschaftlich und politisch korrupten Westen kaum freiwillig zu einer offiziellen Anwendung kommen wird, sieht es im Fall von China im dreifachen Sinne anders aus. Als allererstes ist die chinesische Regierung im Gegensatz zu allen westlichen (Schein-) Demokratien handlungsfähig und -bereit. Darüber hinaus verfügt China über ein im Westen weitgehend unbekanntes Rohstoffmonopol. Derzeit werden praktisch alle seltenen Erden in China abgebaut. Jetzt mögen Sie denken:

„Was um alles in der Welt sind seltene Erden?"

Seltene Erden sind für viele hochtechnologische Anwendungen eine notwendige rohstoffliche Voraussetzung. Im Rahmen dieses Buches sind davon zwei ganz besonders interessant:

1.) effektive Batterien

2.) leistungsfähige Magnete

Egal ob das (baldige) Überangebot solarer Energie die einfache Speicherung in Hochleistungsbatterien nahe legt oder Magnetmotoren wirklich angewendet werden, in jedem Fall sind seltene Erden das Gebot der Stunde.

Und drittens ist der niemals in seiner Funktion angezweifelte „Takahashi-Motor" nicht patentrechtlich zu schützen, da sein Bauplan schon seit vielen Jahren in Büchern und im Internet veröffentlicht ist. Und obwohl (oder gerade weil) der technisch ähnliche „Magnetic Rotation Apparatus" nach US Patent Nr. 4.751.486 von Kohei Minato eigentlich geschützt ist, ist sein Erfinder auf unerklärliche Weise unauffindbar (oder rückstandslos terminiert).

Wenn schon bestehende Patente, Vertriebsrechte und Copyrights chinesische Betriebe von der Produktion nicht abhalten können, um wie viel weniger werden sie ungeschützte Technologien oder welche, deren Urheber beseitigt worden ist von der Realisierung abhalten?

Außerdem, wer würde es schon bemerken, wenn im Herzen des chinesischen Machtbereiches Motoren/Generatoren mit einem Wirkungsgrad von über 1000 % liefen?

Sehr wohl macht es sich bemerkbar, wenn die chinesischen Exporte von seltenen Erden eingestellt werden! Ich möchte an dieser Stelle nicht behaupten, dass dies unmittelbar oder bald geschieht. Jedoch möchte ich darauf hinweisen, dass dies jederzeit möglich ist.

Genauso wie vor einiger Zeit sang- und klanglos die (für die Veredlung von Stahl so wichtigen) Molybdän-Exporte eingeschränkt wurden. Niemand kann den Chinesen einen Vorwurf daraus machen, dass sie zuerst ihren eigenen Bedarf decken wollen.

Ebenso selbstverständlich ist jedoch auch, dass eine kommunistische Regierung kein gesteigertes Interesse am Fortbestand der USA als globale Führungsnation haben kann. Gleichzeitig werden die Amerikaner nicht freiwillig von ihrem nuklearen Thron absteigen, auf dem sie es sich seit 1945 so bequem gemacht haben.

Ob sich nun der wirtschaftliche Niedergang der USA über 3 oder 33 Jahre hinzieht, ist aus chinesischer Sicht- und Denkweise egal, da sie sehr langfristig ausgelegt ist. Dabei hat China eine ganze Reihe von Möglichkeiten, diesen Vorgang aktiv zu beschleunigen. Die schockierendste wäre allerdings, „freie Energien" zu nutzen oder sogar zu verbreiten.

Das die USA seit Jahren einen Krieg gegen den (zum größten Teil selbst provozierten) Terror führen, macht ihre finanzielle Situation zunehmend auswegloser.

Die einzige Chance für die Amerikaner, ist der schnellstmögliche Ausbau alternativer Energien. Ob die Magnet-Technologie, Hochenergie-Verfahren oder einfach nur einfach nur Solarzellen und Hochleistungsbatterien dafür benutzt werden, ist eigentlich unerheblich. Das Ergebnis wird immer das Gleiche sein:

Der weltweite Bedarf an seltenen Erden wird in Zukunft steigen!

Was haben Sie dann davon?

Das hängt davon ab, wie viel und an welcher Stelle Sie in die Gewinnung von selten Erden investieren. Der direkte Weg wären Aktien der betreffenden chinesischen Firmen.

Doch wenn man berücksichtigt, dass selbst im nicht kommunistischen Europa über die Verstaatlichung von Stromkonzernen nachgedacht wird, wie sicher ist Ihr Geld dann in einem strategisch wichtigen Bereich eines kommunistischen Landes angelegt?

„Seltene Elemente" sind nach Einschätzung des USGS (United States Geological Survey) die kritischen Schlüsselfaktoren für jede Hightech-Industrie. Bis 1990 konnten sich die USA noch damit selbst versorgen. Heute sind sie nur noch zu 10% dazu in der Lage. Das heißt, dass eine 90%-Abhängigkeit von chinesischen Lieferungen besteht. Wenn die Chinesen wollten, könnten sie die Hightech-Industrien Amerikas lahm legen ohne eine einzige Rakete abzuschießen oder ohne einen einzigen Computer zu „hacken". Sie liefern einfach nicht mehr, fertig.

Was können die Amerikaner dagegen tun?

Eigentlich gar nichts, außer zu hoffen, dass ein anderer Anbieter auf dem Markt erscheint. Solche Anbieter könnten die Firmen Arafura und Lynas werden. Beide verfügen über erhebliche Reserven an „Seltenen Erden" haben aber noch nicht mit der Abbauphase begonnen. Allein die Lynas Corporation soll über 917.000 Tonnen Reserven verfügen, genug um damit für viele Jahre rund ein Zehntel des globalen Marktes zu beliefern und dies (wahrscheinlich) als erste der beiden Firmen.

Die kanadische Arafura Resources (WKN: 787896) stellt außerdem so etwas wie eine Sammelpackung dar: Uran, Thorium, Phosphat und seltene Erden befinden sich in den verschiedenen Lagerstätten. Der Abbau könnte ca. 2009 - 2010 starten.

Doch warum so lange warten?

Die australische Lynas Corporation (WKN: 871899) könnte schon gegen Ende 2008 produktionsbereit sein, dies ist aber keinesfalls sicher. Die Geschwindigkeit bei der Umsetzung hängt sicherlich von der Entwicklung der Marktpreise ab und davon, dass die überragende Bedeutung seltener Elemente zunehmend erkannt wird. Dies kann sich zeitlich aber auch gegenteilig auswirken. So könnte das australische Management auf die Idee kommen, den Abbaubeginn weiter zu verzögern, um von einer späteren Phase mit deutlich höheren Preisen zu profitieren.

Der Markt für „Seltene Erden" wird in erster Linie von den Chinesen bestimmt. Früher lag der Durchschnittspreis pro kg seltener Erden bei etwa 5,50 US-Dollar und stieg im Laufe der Zeit bis 25 $. Dann dachte man in China, es wäre eine gute Idee, die Produktion zu verdoppeln und der Preis brach wieder auf 5,50 $ ein. Der Preis erholte sich nur sehr langsam und stieg schließlich wieder auf über 14,18 $, als veröffentlicht wurde, dass die chinesischen Exporte wieder reduziert werden. Daraus folgt, das China durch eine Verringerung seiner Exportmengen den Marktpreis leicht in ungeahnte Höhen treiben kann. So wären 50 $ genauso wie 100 $ pro kg vorstellbar.

Im gleichen Verhältnis bewegt sich auch natürlich die Bewertung der betreffenden Minengesellschaften durch die Aktionäre an den Weltbörsen.

Im Fall der LYNAS CORP. LTD. fühlten sich die Anleger von den Zukunftsaussichten derart beflügelt, dass der Börsenkurs sich seit dem Spätsommer 2005 verzehnfacht hat! Er steht heute (06.11.2007) mit dem Schlusskurs in Frankfurt bei 0,785 Euro pro Aktie.

Für Phase1 der Produktion sind jährlich 10.500t REO (Rear-Earth-Oxide) geplant, danach 15.000t, um schließlich 21.000t zu erreichen. Der derzeitige Weltmarkt für seltene Erden umfasst 95.000t. Die chinesische Regierung hat ihre Produktionsquote für 2007 auf 77.500t festgesetzt. Das sind 2% weniger als noch 2006. Weitere chinesische Jahresproduktionsrückgange sind geplant.

Andererseits steigt die globale Nachfrage mit 10% jährlich schneller, als irgendjemand auf dieser Welt nachproduzieren könnte. Selbst wenn die Planung der LYNAS CORP. vollständig umgesetzt würde, könnte sie zusammen mit China kaum mehr als 110.000t fördern und verarbeiten. Der Weltbedarf an seltenen Elementen wird aber bereits für 2010 vorsichtig auf mindestens 150.000t geschätzt. Das mag Ihnen jetzt vielleicht als viel erscheinen, ist aber wenig wenn sie es in konkrete Produktzahlen umrechnen. Nehmen wir z.B. ein Hybrid-Auto von Toyota. Um den Strom für den Elektromotor zwischen zu speichern, wird ein großer Batterie-Block aus NiMH-Zellen benötigt. Dafür werden alleine 12kg seltener Elemente verbraucht. Der E-Motor selbst beinhaltet noch einmal 1,5kg. So könnten mit 50.000t rund 3,7 Millionen Hybrid-Autos gebaut werden.

Nun ist ein Hybrid nur ein halbes Elektroauto. Wollte man ein langstreckenfähiges Elektromobil mit NiMH-Zellen bauen, bräuchte man beinahe zehn mal so viele seltene Elemente dazu. 50.000t reichten dann nur noch für jährlich höchstens 400.000 echter Elektro-Autos. Um nun (hypothetisch) alle 47 Millionen PKW allein in Deutschland durch vollwertige NiMH-Zellen-Autos zu ersetzen, wären 6.345.000t nötig. Mit der heutigen Förderquote gerechnet, ist das die Gesamtproduktion von fast 67 Jahren! Die autofahrende Menschheit komplett damit auszurüsten würde Jahrhunderte dauern!

Jetzt bekommt die ganze Sache noch zusätzliche Haken. Der Einfachheit halber habe ich den Oberbegriff „seltene Erden" benutzt. Diese sind Oxide der „seltenen Elemente" mit den Atomnummern 57 bis 71:

57 Lanthan, 58 Cer, 59 Praseodym, 60 Neodym, 61 Promethium,
62 Samarium, 63 Europium, 64 Gadolinium, 65 Terbium,
66 Dysprosium, 67 Holium, 68 Erbium, 69 Thulium, 70 Ytterbium,
71 Lutetium.

Für die Herstellung von NiMH-Batterien braucht man beispielsweise Lanthan. Der Gehalt an Lanthanoxiden der Lagerstätten von Lynas beträgt ungefähr 25%. Das bedeutet, dass es niemals möglich sein wird, die Menschheit mit Automobilen zu versorgen, die mit NiMH-Zellen arbeiten (zumal diese allen paar zehntausend Kilometer ausgetauscht werden müssen). In die Realität zurückgeholt heißt das, dass die jährliche Weltproduktion von Lanthan noch nicht einmal für 2 Millionen Hybrid-Fahrzeuge mit NiMH-Batterien ausreicht!

Sicherlich werden in der nahen Zukunft Batterien auch aus anderen Materialien entwickelt. Dieses Beispiel zeigt nur, wie dünn das „Eis" ist, auf dem sich unsere Hightech-Industrien bewegen. Das trifft auf die maximalen Produktionsmengen zu, aber umso mehr auf die Zeiträume. Silber wird noch etwa 20 Jahre lang abgebaut werden können, Molybdän etwa 40 und Uran maximal 60 Jahre. Kupfer und seltene Erden liegen dazwischen. Damit ist dann das, was wir heute als Hightech verstehen, weitgehend Geschichte. Selbst in Glasfaser-kabeln und Keramiken werden seltene Elemente gebraucht. Die Oxide Cerium und Lanthanum werden sogar als Additive in Dieselmotoren „verheizt". Europium und Terbium sind Bestandteile von LCD-Bildschirmen und Lanthan wird bei hochwertigen Kamera- und Foto-Linsen zugesetzt. Alle Festplatten und Laufwerke Ihres Computers oder Ihrer Spielekonsole arbeiten mit hochwertigen Neodym-Magneten. Neodym ist daher sehr gefragt und sein Kilo-Preis stieg von unter 5 US\$ Anfang 2002 auf jetzt über 30 US\$.

Der hochtechnologische Weltmarkt saugt die produzierten Mengen an seltenen Elementen förmlich auf und wird mit jedem neuen Produkt unersättlicher. Würde sich China über das technologische und wirtschaftliche „Magnetmotor-Tabu" der USA hinwegsetzen, kämen in Konstruktionen nach „Takahashi" und „Minato" mit Sicherheit Neodym-Magnete zum Einsatz. Ausschließlich diese haben ein ausreichend starkes Kraftfeld, um einen Regauging-Effekt zu erzielen: Der Energieaufwand für ein kurzzeitiges elektro-magnetisches Sperrfeld ist kleiner, als die erzielbare Energieleistung der statischen Permanentmagnetfelder. So entsteht energetischer Überfluss und die ca. 20% Neodym-Anteil in den Lägerstätten von Lynas wären von unschätzbarem Wert ...

Schlusswort

So schließt sich der Investitionskreis von Uran über organische Solarzellen erst einmal mit Neodym.

Die genannten Entwicklungen sind absehbar, dennoch gilt es mögliche Überraschungen (wie z.B. die Raumquanten-Batterie von S.68) im Auge zu behalten. Neodym wird aber in jedem Fall gebraucht.

Ein altes Sprichwort besagt, dass in der Ruhe die Kraft liegt. Wenn Sie die Sicherheit der volatilen Spekulation vorziehen, warten Sie doch einfach, bis die LYNAS CORP. in Produktion geht und entscheiden dann über eine mögliche Investition nach dem ersten Geschäftsbericht.

Nicht umsonst haben die reichsten Männer der Welt ein Motto:

„Niemals Geld verlieren!"

Fallen Aktien im Wert um 50%, müssten sie danach um 100% steigen, damit sie wieder bei plus/minus Null ankommen!

Ein Kurssturz von 90% erfordert dazu einen späteren Anstieg von 900%!

Machen Sie es wie Warren Buffett und kaufen Sie erst, wenn Sie den Euro für 40 Cents bekommen.

Nutzen Sie Ihre Zeit lieber für das Studium von Geschäftsaktivitäten und -berichten, als nervenaufreibend sonst unverständlichen Kurssprüngen innerlich hinterher oder entgegen zu zittern!

Ansonsten besuchen Sie mich doch einfach mal ab und zu auf:

www.frankmanthey.de

Quellen:

1.) der gesunde Menschenverstand

2.) innere Inspiration

3.) das „world wide web"

Warnung:

Sollten Sie sich durch dieses Buch zum Experimentieren mit Magnetantrieben angeregt fühlen, seien Sie bitte sehr vorsichtig!

Bauen Sie Ihre Versuchsaufbauten möglichst klein, damit sich die entstehenden Kräfte in Grenzen halten.

Ein ungebremster Selbstläufer beschleunigt sich zu immer höheren Umdrehungszahlen, bis er schließlich von den Fliehkräften auseinander gerissen wird!

Umher fliegende Teile könnten schwerste Verletzungen hervorrufen oder sogar tödlich sein!